BETTINA RUST

Das Essen meines Lebens

Küchengeschichten von

IRIS BERBEN   SANDRA MAISCHBERGER
FLAKE   HENRY HÜBCHEN   SEBASTIAN KOCH
GUIDO MARIA KRETSCHMER   ANKE ENGELKE
HAYA MOLCHO   BARBARA SCHÖNEBERGER
OLLI SCHULZ   DÜZEN TEKKAL

Inhalt

Einleitung

Vor einiger Zeit hatte ich die Idee, mit prominenten Menschen über das Essen ihres Lebens zu sprechen und daraus ein Buch zu machen. Dieses Buch liegt jetzt vor Ihnen. Die Interviews wurden und werden als Podcast mit dem Namen »Toast Hawaii« ausgestrahlt, Woche für Woche kommen neue Episoden hinzu. Für »Das Essen meines Lebens« habe ich mich auf einige der ersten Gäste konzentriert. Sie alle nahmen mich mit in die Esszimmer und die Küchen ihrer Kindheit, erinnerten sich an Süßigkeiten und Pausenbrote oder die Back- und Kochkünste ihrer Omas. Mindestens ebenso wichtig ist jedoch die Gegenwart – der Lieblingsplatz in der Küche, die heimlichen Sünden, geheimnisvollen Eisfächer und überflüssigsten Anschaffungen.
Mit elf Persönlichkeiten sprach ich über ihre Liebe zum Essen und, so vorhanden, ihre Freude am Kochen. Sie alle steuerten ein Essens-Selfie bei und schenkten mir eines der Rezepte, die ihnen am Herzen liegen. Sie werden sehen: Es macht *so* viel Spaß, über Essen zu sprechen. Wie oft wir während der Interviews lachten!
In diesem Buch steckt alles: Porträts, Biografien, Rezepte und sehr viel Vergnügen. Es darf chic auf Ihrem Coffee Table oder mit Teigspritzern versehen auf der Arbeitsplatte Ihrer Küche liegen, neben dem Bett auf Sie warten und/oder mit Liebe verschenkt werden. Beispielsweise dann, wenn Sie das nächste Mal zum Essen eingeladen werden.

Ich wünsche Ihnen sehr viel Spaß und Freude,

Bettina Rust

Iris Berben

Wenige Menschen, die in der Öffentlichkeit stehen, vereinen so viele Gegensätze in sich wie die Schauspielerin Iris Berben. Laissez-faire und absolute Disziplin, das scheinbar ewig Mädchenhafte wie auch die Grande Dame, die Politische, die Etablierte, bei der plötzlich der Punk durchkommt. Diese Aufzählung ist bei weitem nicht vollständig, aber sei's drum. Es ist ja auch nur meine sehr subjektive Einschätzung nach ein paar persönlichen Begegnungen. Iris Berben gilt als Genießerin, sie liebt es, zu kochen, vorzubereiten, zu bewirten, sie liebt es sogar, danach das ganze Chaos zu beseitigen. Sie werden sich allerdings wundern, als wer oder was diese außergewöhnliche Person wiedergeboren werden möchte.

Frau Berben, was haben Sie heute gefrühstückt?

Jeder Tag fängt mit einem doppelten Espresso an. Ohne Zucker, ganz schwarz. Und Frühstück mit verschiedenen Käsesorten und Quarkspeisen.

Quark mit Früchten?

Mit Schnittlauch, eher herzhaft-salzig. Gerne ein frisch gepresster Orangensaft, und ich mag – gibt es diesen Ausdruck noch? – Graubrot. Manchmal auch Brötchen, aber ich habe in Berlin noch keinen Bäcker gefunden, bei dem sie so schmecken, wie ich sie aus Bayern kenne. In München haben die irgendwie einen anderen Biss, ich weiß nicht, was es ist. Aber nun, man soll davon ja auch eh nicht so viel essen.

Es heißt, Sie seien eine hervorragende und leidenschaftliche Köchin und Gastgeberin. Häufig bleibt ja nach größeren Essen Brot übrig, gutes Baguette, Ciabatta. Geben Sie das den Gästen mit, oder frieren Sie es ein?

Das ist eine lustige Frage: »Geben Sie es den Gästen mit?« Das sollte man eigentlich machen, darüber habe ich noch nie nachgedacht. Es kann passieren, dass ich daraus dann Fleischpflanzerl mache, also Buletten oder Frikadellen, und dazu eignet sich ja am besten Brot, das schon zwei bis drei Tage alt ist.

Würden Sie uns mal mit in Ihre Küche nehmen?

Die ist sehr geräumig, so, dass man dort essen kann. Wenn ich Gäste habe und im Wohn- und Esszimmer gedeckt ist, treffen sich alle erst einmal in der Küche und bleiben gerne dort stehen. Die muss ich wirklich rausfegen, weil ich es nicht mag, dass mir jemand helfen will, wenn ich koche. Ich bin dominant in der Küche, auch in einer so unangenehmen Weise. Ich habe einen Ablauf mit mir selber, es bringt mich durcheinander, wenn jemand sagt: »Kann ich vielleicht etwas schneiden oder machen?« Dann werde ich rabiat und bin wohl eher kein guter Gastgeber. Sobald die Leute am Tisch sitzen, bin ich zauberhaft. Aber in der Küche sollen mich alle in Ruhe lassen.

Aha. Und umgekehrt? Wie sind Sie als Gast? Doch bestimmt jemand, der bei anderen in der Küche steht und sagt: »Kann ich dir bei irgendwas helfen?«
Ja, würde ich machen. Aber weil ich es eben von mir kenne, reagiere ich nach dem ersten Zögern meines Gegenübers und mache mir dann ein Fläschchen auf.

Können Ihre Gäste dem Prozess des Kochens also noch beiwohnen, wenn sie kommen?
Ich bereite eine Menge vor und will auch nicht, dass mir da noch jemand zuschaut oder reinfuchtelt oder so etwas. Eigentlich dürfen die nur in der Küche stehen, um ein Glas zu trinken. Ich funktioniere wie ein Uhrwerk, ein bisschen wie beim Drehen. Vorbereitet sein, den Text können, sich damit bitte auch beschäftigt haben, genau wissen, was man machen soll. Ich verschwinde dann noch mal in die Küche, wenn etwas à la minute gemacht werden muss.

Es würde mich interessieren, ob es bei Ihnen Sitzordnungen gibt. Oder Prinzipien, zum Beispiel »Paare auseinander«?
Also, normale Einladungsessen bei mir liegen zwischen acht und zehn Personen. Wenn wir mal zwölf sind, versuche ich, Leute nicht nebeneinander zu setzen, die eh immer viel Zeit miteinander verbringen. Ich habe auch Essen gemacht, bei denen ich zum Beispiel für jeden Gast ein Buch gekauft habe, von dem ich annahm, er oder sie würde schon wissen warum oder könne sich darin erkennen, über den Titel, den Autor, wie auch immer. Das waren quasi die Sitzkärtchen.
»Wir essen so lange nicht, bis ihr wisst, wo ihr sitzt«, habe ich gesagt. Das sind schöne Spiele.

Wie lange dauert es denn dann, bis alle sitzen und gegessen wird?

Man kann mit kleinen, spitzen Bemerkungen, die eigentlich niemand hören möchte, ein bisschen auf die Sprünge helfen. Manchmal hat es 25 bis 30 Minuten gedauert, aber es geht. So was soll Freude machen und ist höchst kommunikativ. Es wird über die Bücher gesprochen, die da liegen, oder über das, was man gerade liest. In Berlin gab's mal eine junge Frau, die nachts mit einem Stapel Bücher, CDs und Hörbüchern durch die Lokale gezogen ist und fragte, ob man Interesse hätte. Sie könnte etwas über die jeweiligen Autoren erzählen, es seien neue oder spannende oder neu aufgelegte Bücher. Ich ließ sie mal als Überraschung vor der Nachspeise für meine Gäste kommen. Jeder durfte sich ein Buch aussuchen. Ich mag solche Essen, gerade wenn es Menschen sind, die sich gar nicht kennen. Schön, wenn spannende, alberne, seriöse, manchmal auch Streitgespräche entstehen. Das mag ich. Solche Abende sind mitunter die schönsten Geschenke, die du deinen Freunden machen kannst. Da steckt viel Vorbereitung, viel Mühe, viel Überlegung drin.

Ein bisschen lässt sich so was kuratieren, aber dann muss man gucken, was passiert, oder?

Ich mache auch manchmal Themenabende – das hört sich ganz furchtbar an –, zum Beispiel an einem Freitag ein Schabbat-Essen. Und dann gibt es immer mal Gäste, die fragen: »Was ist das?« oder »Was bedeutet das?« Man redet nicht den ganzen Abend darüber, was es mit Schabbat in der jüdischen Religion auf sich hat, doch es ist ein kleiner Wegweiser und damit zumindest schon mal ein guter Gesprächsanfang.

Wenn Sie alleine essen – schmieren Sie sich auch mal im Stehen eine Scheibe Brot, oder decken Sie immer den Tisch?

Es ist spießig: Ja, ich decke für mich ein.

Iris Berben

Warum ist das spießig?
Ich frage mich selbst gerade: »Ist das spießig?« Ich will es einfach und
genieße das auch.

Das ist offenbar Ihre Esskultur.
Ja, eindecken mit Serviette, Besteck, Wasser- und Weinglas. Manchmal
schmiere ich mir auch schnell ein Brot im Stehen. Aber wenn ich
abends alleine bin und etwas esse, nee, dann sitze ich, und es ist ein-
gedeckt.

Sitzen Sie immer auf demselben Platz?
In meiner Küche steht ein Fernseher, und wenn gerade die Nach-
richten laufen – ich bin so ein Nachrichtenjunkie –, dann sitze ich
an einer anderen Stelle, als ich normalerweise sitze.

Bestimmt ist Ihre Küche hell, mit vielen Fenstern.
Ja, ganz hell, mit einer großen Terrasse. Im Sommer kann ich die
Türen, die bis zur Decke gehen, öffnen. Es gibt sogar auf *beiden* Seiten
der Wohnung eine Terrasse, so kann ich den Sonnenverlauf mitspielen
und ein Frühstück auf der einen Terrasse nehmen und ein Mittag- und
Abendessen auf der anderen. Das ist ein großer Luxus. Als ich mir die
Wohnung das erste Mal ansah, dachte ich gleich: Wie schön, man ist
mitten in der Stadt und hat trotzdem so eine kleine Oase für sich.

**Als Geschenk habe ich von Ihnen heute zwei Zitronen bekommen,
die Sie aus Portugal mitgebracht haben. Wachsen in Ihrer Oase
Früchte, die man essen kann?**
Letztes Jahr haben wir ganz wunderbare Tomaten gehabt. Gewürze
gibt's extrem viele, Thymian, Oregano, Basilikum, Schnittlauch.
Das ist alles da. Basilikum ist ziemlich launisch. Manchmal sieht es
so schön aus, dass man denkt: »Was wächst denn da für ein schöner
Busch?« Und dann wieder wächst es eher mickrig.

9

Basilikum kann richtig beleidigt sein! – Versuchen Sie doch bitte mal, sich an das beste Essen zu erinnern, das Ihnen als kleinem Mädchen gekocht wurde.

Ganz schwer. Meine Mutter konnte überhaupt nicht kochen. Und zwar gar nicht! Was ich gerne gegessen habe, war Grießbrei. Mit einer Prise Zitrone, Eigelb rein und den Eischnee drunterziehen, dann ist es schön luftig. Grießbrei mit Zucker und Zimt ist sicher eine Erinnerung, die ich sehr, sehr warm spüre. Meine Mutter war alleinerziehend und berufstätig, daher bin ich schon sehr früh in Kindertagesstätten und auf Internate gekommen. Dort hieß es: essen, was auf dem Teller ist. Insofern bin ich ein Kind, das mit Essenszwang groß wurde.

Führte das dazu, dass Sie bestimmte Sachen heute nicht essen?

Ich bin ein Vielfraß und Allesfresser, neugierig auf alles Fremde. Was ich allerdings bis heute nicht esse, sind Rosinen. Und Sülze. Die habe ich damals im Internat stehen lassen, mit 13 oder 14 Jahren, und es hieß: »Du bleibst so lange sitzen, bis die Sülze aufgegessen ist.« Um 18 Uhr habe ich sie in einem Blumentopf versenkt. Ich hoffe, daraus ist ein stinkender und ekelhafter Sülzbaum gewachsen. Wenn ich heute darüber nachdenke, dieser Zwang! Das war gemein, und als Kind bist du so hilflos.

Ihre Eltern waren Gastronomen, ist zu lesen.

Mami nicht, es wird immer falsch kolportiert. Mein Vater war Koch. Er arbeitete erst in Kantinen und bildete später in Düsseldorf junge Köche aus.

Haben Sie von jemandem kochen gelernt?

Nein, das habe ich mir alles aus großer Lust und Freude am Essen selbst beigebracht. Meine Eltern haben sich getrennt, als ich drei war. Meine Mutter ist früh mit mir gereist. Sie hatte eine Schwester in England, eine weitere Schwester wohnte in Brüssel, ein Bruder auf

Teneriffa. Durch die Besuche in anderen Ländern wurde ich mit fremdem Essen konfrontiert. Ich selbst habe mit 24 oder 25 Jahren angefangen zu kochen.

In der Zeit davor lebten Sie größtenteils bei Ihren Großeltern. Haben Sie ein paar Rezepte von damals in die Jetztzeit mitgenommen?

Woran ich mich immer erinnern kann, ist Steckrübeneintopf. Es sind die 50er-Jahre, Nachkriegsdeutschland. Ich kann mich erinnern, dass mich meine Großmutter in Essen zu einem Fleischer schickte. Ich holte dort Schweineschwänzchen. Die waren günstig, davon konnte man viel kaufen, die wurden rundrum abgenagt. Das ist meine früheste Erinnerung an ein tolles Essen, ich habe das sehr gemocht. Steckrüben, Kartoffeln und die Schwänzchen wurden mitgekocht. Man kann und will es sich heute gar nicht mehr vorstellen. Ich glaube, wer in einer anderen Zeit aufgewachsen ist, der hat oft zum Verzehr von Tieren eine ganz andere Einstellung als junge Menschen, die mit einem neuen Bewusstsein über das Essen und seine Wertigkeit reden. Auch was die Tierhaltung angeht, übrigens.

Sie sprechen von einer Zeit, in der es die Massentierhaltung noch nicht gab. Das Thema wurde sicherlich unemotionaler behandelt, fand aber auch zu besseren Bedingungen statt.

Zu sehr viel besseren Bedingungen. Ich war auf dem Land bei den Großeltern, die hatten Schweine, die hatten Kühe, die hatten Platz. Das war halt Landleben. Die Hühner gackerten da draußen frei herum. Die heutige Tierhaltung hat damit nichts mehr zu tun, die wirkt wie ein Fremdkörper.

Ich will noch etwas mehr wissen über den Punkt, an dem Sie begannen, sich fürs Essen zu interessieren. Grob skizziert, gehörten Sie vor Ihrem Beruf zur Studentenbewegung, kamen auf

eine Kunsthochschule, wurden jung Mutter. In der Zeit haben Sie ja mit Kochen noch nicht so viel am Hut gehabt, Sie sagten vorhin, das begann so mit Mitte 20.

Ja, vorher war es – und das Wort verabscheue ich sehr – Nahrungsaufnahme und nicht Essensgenuss. Als ich 24 war, Mitte der 70er, da haben wir in der Schweiz gedreht. »Zwei Himmlische Töchter« mit Ingrid Steeger. Unser Regisseur Michael Pfleghar war eng befreundet mit Günter Netzer. Wir sind alle zusammen zu einem Essen gekommen, und ich habe dort den ersten Wein meines Lebens getrunken. Ich hatte mich immer geweigert, Alkohol zu trinken. Im Hinblick auf Suchtgenuss waren wir ein bisschen anders eingestellt, es war nicht der Alkohol. In der Kronenhalle jedenfalls, in die ich heute noch gerne gehe, wenn ich in Zürich bin, habe ich meinen ersten Wein verkostet. Ich weiß, als ich ein junges Mädchen war, hat meine Mutter auch immer mal gesagt: »Nimm doch einen kleinen Schluck«. Es hat mir nie geschmeckt. Aber an diesem Abend wurde mir der Geschmack des Weines in Kombination mit dem Essen bewusst. Mein Interesse am Kochen wuchs durch die vielen Restaurantbesuche, oft beruflich bedingt, oder wenn ich woanders gedreht habe. Das machte mir Lust, es selber ausprobieren zu wollen. Ich habe Oliver mit gerade mal 21 bekommen, und in der Zeit danach ist das Bewusstsein dafür, was Essen bedeuten kann, gewachsen.

Sind neue Vorlieben hinzugekommen, die Sie vorher nicht beachtet haben oder nicht kannten?

Ja, ich habe viel Zeit in Portugal verbracht, weil meine Mutter dort hinzog, als ich zwölf war. Ich verbrachte meine Ferien dort und wurde mit Fisch groß. Dieser frischeste Fisch und diese besten Schalentiere haben mich natürlich auch verdorben. Was dazu führte, dass sich eine leichte Arroganz einschlich, wenn ich wieder in Deutschland war. Ich weigerte mich dann strikt, irgendwelche Fischgerichte zu kochen. Bis auf Ceviche. Oder Lachs, Thunfisch, die kann man auch hier ganz gut kaufen. In den letzten Jahren habe ich mich dann damit auseinandergesetzt, wie sich in Deutschland das Bewusstsein dem Essen gegenüber verändert hat. Ich stellte fest, dass Fischlieferanten und Fischgeschäfte anders und besser bestückt waren. Vielleicht habe ich mich auch nur mehr dafür geöffnet, sie zu suchen. Ich gebe mir einfach größere Mühe, gehe längere und weitere Wege und bin nicht mehr so bequem im Einkaufen. Du kannst heute viele Komplizen finden, die ebenfalls nach guten Zutaten suchen. Diese Experimentierfreude beim Kochen ist geblieben und gewachsen und wächst noch immer. Manches gelingt dann und manches eben nicht.

Welche Dinge gehören denn zu den von Ihnen am häufigsten benutzten oder berührten Gegenständen in Ihrer Küche?
Oh, das ist ja klasse. Zählen auch Pfannen und Töpfe dazu?

Klar. Gibt es zum Beispiel eine spezielle Pfanne, die Sie geschenkt bekommen oder von irgendwoher mitgebracht haben, die vielleicht ganz schwer ist?
Ja, die sind sehr groß und schwer. Ich brauche schwere, gelebte Pfannen.

Und die schrubben Sie bestimmt nicht sauber, oder?
Nee, nur mit Küchenpapier und bloß nie in die Spülmaschine. Immer schön mit Papier schützen. Die haben ein Eigenleben, ich weiß auch, was in welcher Pfanne am besten gelingt. Bratkartoffeln sind ein typischer Fall. Und gute Messer sind wichtig.

Kaufen Sie die selbst oder lassen Sie sich die schenken?
Inzwischen weiß mein Lebensgefährte, dass man mir mit Messern eine große Freude bereitet.

Sie kennen den Aberglauben, dann aber eine Münze zurück-
schenken zu müssen? Andernfalls zerschneidet es die Zuneigung.
Das weiß ich, habe ich alles erledigt. Steakmesser fallen mir noch ein.
Ach, ich eigne mich nicht für diese neue vegane und vegetarische
Essenskultur, die immer mehr gelebt wird.

Es gibt viele Leute, die noch …
… Fleisch essen?

**Absolut! Es gab hier bislang keine einzige Begegnung, in der
nicht irgendwann, wenn auch kurz, über Fleisch gesprochen
wurde. Es sollte klar sein: Fleisch ist kein Schuldthema. Erst,
wenn jemand sagt: »Ich esse Fleisch, ich verstehe die Hysterie
nicht.« Denn dann müsste man vielleicht noch erklären: bitte nicht
jeden Tag und kein billiges Fleisch vom Discounter.**
Das setze ich für mich voraus. Es ist so lustig, meine Gäste essen alle
Fleisch.

**Erstaunlich. Ich erinnere mich an eine Phase, ein paar Wochen vor
Weihnachten, es gab ein paar Einladungen, und jedes Mal wurde
Fleisch serviert. Das imponierte mir auf eine Art, denn da wurde
eine langsame gesellschaftliche Entwicklung klar ignoriert. Ich
bin mittlerweile zu 98 Prozent Vegetarierin, Fleisch gibt's
vielleicht zweimal im Jahr. Nein, ich bin Pescetarierin, denn Fisch
esse ich schon. Gelegentlich. An diesen Abenden jedenfalls hieß
es: Kein Fleisch? Na, dann nimmst du dir eben ein paar mehr
Kartoffeln oder Brot. Okay.**
Ja, wahrscheinlich bin ich in dem Punkt auch keine so gute Gastgeberin. Bei mir gibt's viel Fisch, es sind immer Gemüse und vegetarische
Sachen dabei … aber klar, es stimmt natürlich schon. Man steht in der
Öffentlichkeit und sollte lernen, damit umzugehen. Ich muss jetzt
auch mal den Weckruf kriegen, Iris, frag deine Gäste doch vorher, ob

irgendjemand … Ich will aber jetzt nicht anfangen mit irgendwelchen Unverträglichkeiten, ich würde nur fragen: »Fisch oder Fleisch?«

Was ist in Ihrer Küche noch regelmäßig in Gebrauch?
Ich arbeite viel und gern mit meinem Pürierstab.

Bleibt der draußen stehen, weil Sie ihn so häufig benutzen?
Der landet immer wieder in der Schublade. Ich säubere auch noch, während ich koche, die Küche, das mache ich alles parallel. Und wenn meine Essen – was hin und wieder vorkommt – bis vier oder fünf oder sechs dauern und die Gäste weg sind, trinke ich mit meinem Lebensgefährten noch in Ruhe ein Glas Wein. Wenn er sich dann ins Bett legt, fange ich an, die Küche aufzuräumen. Das hat was Meditatives für mich. Gedanklich gehe ich den Abend durch, meine Gäste fallen mir ein, und mir wird klar, wie privilegiert es ist, dass es geklappt hat, dass man gute Gespräche hatte, dass man viel gelacht, viel diskutiert oder auch gestritten hat. Dass sie alle kommen, dass das möglich ist. Es nimmt wirklich einen großen Teil meines Lebens ein. Was für ein ganz schöner Moment, wenn ich am nächsten Tag – wann auch immer – aufstehe und in eine blitzeblanke Küche komme.

Ich streue jetzt mal ein paar Entweder-oder-Fragen dazwischen. Weißer oder grüner Spargel?
O bittschön, beide. Den weißen mit Parmesan überbacken im Ofen mit ein bisschen Butter, der muss sehr al dente sein. Den grünen mag ich gerne im Salat, im Risotto oder als Vorspeise, dann auch nur mit Parmesan und Butter im Ofen überbacken.

Welches Salz nutzen Sie?
Schwarzes Salz, Meersalz, gewürzte Salze. Piri-Piri-Salz bringe ich mir aus Portugal mit, ist gleich schon scharf gemacht. Trüffelsalz. Ich liebe weiße Trüffel, aber die sollte man nur für ganz bestimmte Dinge

benutzen und auch nur sparsam, sonst wird es zu einer Beilage, die nichts Besonderes mehr ist.

Ungefähr auf der Hälfte der Strecke zwischen Ihrer Wohnung und meiner gibt es dieses Restaurant mit der herausragenden Trüffelpasta …

… ja, sie wird im Parmesanlaib geschwenkt. Es ist der Himmel, eine Belohnung, alles wird gut, wenn man diese Pasta isst. Schon der wunderbare Duft, wenn Manolis den Teller vor einem hinstellt. Ich möchte als Vorspeise allein schon diesen Duft aufnehmen. Und dann wirklich: langsam! Ich esse viel zu schnell, weil ich so gierig bin, weil ich immer alles will. Diese Nudeln versuche ich extra langsam auf die Gabel zu ziehen.

Das wirkt immer so wenig auf dem Teller.

Ja, das ist nicht so viel, aber es ist mächtig! Wenn sie hingestellt werden, möchte ich im ersten Moment schreien: »Zu wenig, zu wenig, zu wenig!«, aber man kann ja noch 'ne Portion bestellen.

Die man wahrscheinlich gar nicht schaffen würde. Welches ist denn Ihre Lieblings-Pasta-Soße?

Ein paar Menschen sagen, ich würde mit die wunderbarste Bolognese machen, die es gibt. Ich esse die auch gerne. Ansonsten liebe ich Pesto, gerne mal mit klein gewürfelten gekochten Kartöffelchen und klein geschnittenen Prinzessböhnchen. Das ist auch eine Pestoart, das mache ich relativ häufig. Damit punktet man immer bei den Gästen, weil es kaum jemand kennt.

Dann verraten Sie uns doch bitte das Geheimnis dieser »wunderbarsten« Bolognese.

Abgesehen von den wunderbaren Zutaten braucht man Zeit. Eine gute Bolognese gibt's nicht unter vier bis fünf Stunden. Immer wieder nachgießen, guten Weißwein nehmen.

Gut, weiter geht's mit Entweder-oder. Marmelade oder Honig?
Auch wieder beides. Ich bin ein Gelee-Fan, ich mag keine Fluppel da
drin. Es muss schön smooth sein, glatt. Aber ein Honigbrot ist auch
was Feines. Mit dick Butter. Manche Leute sagen: »Wie kann man nur
so viel Butter essen!« Auf einem guten Brot? Lecker. Und dann noch
Schnittlauch drüber.

Was ist sonst noch in Ihrem Kühlschrank?
Eier, Zitronen, Knoblauch. Weißwein ist immer da – im Weinschrank.

Mir wurde zugetragen, dass Sie eine ganz gute Hausbar haben.
Die Hausbar *ist* auch gut. Rotwein, Weißwein, Wodka und Gin
sind immer da. Und Centerbe, ein italienischer Schnaps – cento
bedeutet 100, »Hundert Gewürze« heißt der, hat glaube ich 70 Prozent. Da wird einem schnell warm. Damit lassen sich sicherlich auch
Wunden desinfizieren.

Bekommen Sie schnell einen Schwips?
Nein, ich bin ein ganz guter Steher.

**Kann es passieren, dass Sie am nächsten Tag trotzdem
Kopfschmerzen haben?**
Nur dann, wenn ich den Anfangs-Champagner mittrinke, dann
von Rot- auf Weißwein wechsle und zwischendurch mitmache, wenn
Freunde sagen: »Sollten wir nicht einen kleinen Wodka trinken?«

Erdbeeren oder Himbeeren? Gemeine Frage.
Es sind eh gemeine Fragen. Erstens liebe ich Widersprüche, und
zweitens liebe ich Gier. Also Erdbeeren *und* Himbeeren.

Banane oder Zitrone?
Zitrone.

Schokolade oder Chips?

Weder noch. Ich habe als Kind schon nicht gerne Süßigkeiten gegessen. In meiner Internatszeit schnitt ich den Jungs für eine Tafel Schokolade die Haare. Vollmilch mit Nuss ging manchmal, die habe ich aber auch oft benutzt als Tauschobjekt für etwas anderes: »Kannst du mir mal die Mathearbeit machen, bekommst auch 'ne Tafel Schokolade.«

Junger Käse oder alter?

Na, alter natürlich! Comté esse ich gerne, einen alten Parmesan, auch mal Cheddar.

Nehmen Sie etwas dazu, einen Feigensenf?

Ich bringe gerne »Doce de piri piri« aus Portugal mit, die dortigen Marktfrauen stellen das her. Piri piri ist das, was wir Peperoncini nennen, dieser ganz scharfe Chili. Und »Doce de Tomate«, das ist eine Art scharf-süße Tomatenmarmelade. »Doce de piri piri« ist wie ein Süßgelee, aber mit viel Peperoncini drin. An Feigensenf habe ich mich ein wenig übergessen, weil er dann plötzlich überall war, aber süß und scharf ist eine schöne Kombination.

Offenbar mögen Sie scharfes Essen.

Ja, es gibt Gäste, die fragen, ob sie nur zum Dessert kommen können, weil … hui … manchmal geht es ein bisschen durch mit mir. Dann denke ich: »Das war wohl ein Zacken zu viel!« Man soll eine rohe Kartoffel ins Essen geben, das kann die Schärfe etwas nehmen. Wenn wir zu Kartoffeln kommen …

… ist das Ihr Hauptnahrungsmittel?

Ja, ich bin ein Freund von Kartoffeln aller Art: Bratkartoffeln, Kartoffeln aus dem Ofen, Pommes frites, Stampfkartoffeln, Püree oder Kartoffelsalat. Ich liebe Kartoffeln so sehr. Nicht, dass ich an das Leben nach dem Tod glaube, aber wenn ich noch mal auf die Welt komme, bin ich irgendwo ein riesiger Kartoffelacker. Dann könnte ich endlich in mir selbst ruhen. Das versuche ich eigentlich schon so lange.

Also die Vorstellung, dass Sie da irgendwo als Kartoffelacker liegen und plötzlich kommen die Erntehelfer und diese schweren Landmaschinen …
… und bringen alles wieder durcheinander. Aber bis dahin, sage ich Ihnen, it's my time.

Wenn überhaupt, hätte ich gedacht, Sie sagen »Kartoffelbäuerin« oder »Kartoffelplantagenbesitzerin«, aber Sie werden ein simpler Kartoffelacker.
Einfach noch näher dran sein.

Haben Sie selbst schon einmal Kartoffeln geerntet?
Ja, in Portugal, meiner zweiten Heimat. Auf meinem Land wachsen Kartoffeln, Paprika, Melonen, Tomaten, Zitronen- und Apfelsinenbäume. Auf einem Nachbargrundstück gibt's einen Baum, der zugleich Zitronen und Apfelsinen trägt. Das sieht so toll aus! Ich habe eine Menge Zitronenbäume gekauft, weil wir Zitronenkäfer hatten, die die Bäume kaputt machten. Aber Sie sehen: Ich könnte Selbstversorger sein.

Besitzen Sie eine Tiefkühltruhe?
Ja. Im Zuge von Corona wollte ich mich bevorraten. 2020, im März oder April, kam ich von Dreharbeiten aus Schweden zurück. Dort wurde gedreht, Deutschland hatte Lockdown, das war absurd, wie zwei Welten. Dort war alles geöffnet, hier erlebte ich das Geschlossensein der Geschäfte und Restaurants – als würde man einen Schalter umlegen. Die einzige Panik kam bei mir auf, als ich sah, wie sich

Menschen plötzlich in Toilettenpapierrollen einhüllten. Da dachte ich: Das kann es nicht sein. Ich bleibe entspannt, solange mein Weinvorrat und meine Tiefkühlmöglichkeiten ausreichen. Da kaufte ich mir einen Eisschrank. Freunde behaupten, etwas in dieser Größenordnung besäßen sonst nur Restaurants.

Gibt es eine überflüssige Anschaffung für die Küche?
Ich habe darüber nachgedacht. Dass diese Frage kommen würde, wusste ich. Da ist eigentlich nichts, ich arbeite mit all meinen Sachen. Aber ich merke, dass ich mit der Teemaschine nichts anfangen kann. Da setze ich lieber oldschool Wasser auf und lasse den Tee so ziehen.

Wir kommen zum Ende eines Essens.
Also in jedem Fall immer Espresso. Bei einer Nachspeise, die ich gerne mache, muss ich den Urheber nennen: meinen Schauspielkollegen Ken Duken. Er empfahl mir etwas, das ich »Die schnellste Nachspeise der Welt« nenne. Tiefgefrorene Himbeeren in ein Glas füllen, darauf einen dicken Klecks Crème fraîche, darüber eine dünne Schicht braunen Zucker. Das Ganze außerhalb des Kühlschranks stehen lassen. Der braune Zucker suppt in die Crème fraîche, und die Crème fraîche mit dem braunen Zucker suppt in die dann aufgetauten Himbeeren. Lieber Ken, du glaubst gar nicht, wie oft ich das schon gemacht habe. Es geht so schnell, und jeder sagt: »Ist das gut, gibt's noch eins?«

Lassen Sie es uns in »Ken Supp« umbenennen.
Ken Supp!

Ich hätte Lust, noch ein paar Stunden weiterzumachen.
Dann würde ich erzählen, dass ich diejenige bin, die aus allen Wartezimmer-Zeitschriften die Rezepte rausklaut. Ich weiß, dass man das nicht darf. Inzwischen fotografiere ich sie meistens einfach ab.

Frango na púcara

Für 4 Personen
Zubereitungszeit 30 Min., Garzeit 1 Std. 30 Min.

12 kleine Zwiebeln | 1 rote Paprika | 5 große Fleischtomaten | 5 Knoblauchzehen | 100 g Parmaschinken in Scheiben | 1 Bressehuhn (küchenfertig und in 8 Teile zerlegt) | 400 ml trockener Weißwein | 4 EL körniger Dijonsenf | 3 EL Weinbrand | 6 EL trockener weißer Portwein | Salz | Pfeffer | 1 Prise getrockneter Peperoncino | 1 Handvoll gehacktes Koriandergrün

Außerdem:
Tontopf (z. B. Römertopf)

1. Den Tontopf nach Gebrauchsanweisung wässern. Zwiebeln schälen und vierteln. Paprika waschen, den Deckel abschneiden, weiße Trennwände und Kerne entfernen. Die Schote in Scheiben schneiden. Tomaten waschen und vierteln, dabei die Stielansätze entfernen. Knoblauch samt Schale zerdrücken.

2. Das Wasser aus dem Tontopf abgießen und diesen trocken reiben. Dann die Schinkenscheiben im Tontopf verteilen und die Hühnerteile darauflegen. Zwiebeln, Paprika und Tomaten rundum verteilen und den Knoblauch dazwischenstecken.

3. Weißwein und Senf verrühren und über das Huhn gießen. Weinbrand und Portwein dazugießen. Mit Salz, Pfeffer und Peperoncino würzen.

4. Den Deckel auflegen und den Tontopf in den kalten Backofen (unten) schieben. Den Ofen auf 180° aufheizen und das Huhn 1–1 Std. 30 Min. garen.

5. Den Tontopf aus dem Ofen nehmen und den Deckel abheben. Das Huhn mit Koriandergrün bestreuen und servieren.

TIPP: Schmeckt köstlich mit in Olivenöl geröstetem Knoblauchbrot oder auch mit Safranreis.

Anke Engelke

Die Schauspielerin, Moderatorin und Entertainerin Anke Engelke muss ich sicherlich nicht weiter vorstellen, oder? Vielleicht so viel: Sie ist Jahrgang 65, kam in Kanada zur Welt und arbeitete schon als Kind vor der Kamera, damals noch als Reporterin und auch schon als Moderatorin. Sie besitzt riesengroßes komödiantisches Talent, konnte sich aber auch längst in anderen Genres als Schauspielerin behaupten. Dass es Spaß machen würde, sich mit ihr über Essen zu unterhalten, war klar. Es gab allerdings auch Momente, in denen sie mich total überrascht hat. Ich will nicht zu viel vorwegnehmen, aber: Kinoessen, Wurstbecher, Hollywood-Diät …

… Das letzte Mal, dass wir uns gesehen haben, Bettina, liegt so lange zurück … in Köln bei den International Emmys.

Nein, in Berlin war's, auf der Berlinale, wir sind uns in diesem Hotelfoyer begegnet, und du hattest ungewöhnlich kurze Haare.
Ah, du hast recht. 2020 – das war ja einfach noch eine ganz normale Berlinale, das kann man sich gar nicht mehr vorstellen.

Du hast häufig und mit großem Erfolg die Auftakt- und Endveranstaltungen dieses Filmfestivals moderiert. Wenn du selbst ins Kino gehst, kaufst du vor Ort Eis und Popcorn oder bringst du dir was von zu Hause mit?
Ich habe oft Äpfel dabei.

Ach komm – nein!
Ja, die sind laut, ich weiß. Aber es geht eigentlich.

Du gehst mit Äpfeln ins Kino? Meinst du das ernst?
Ich meine es ganz ernst, ja. Ist das falsch?

Na ja. Also ich glaube, dass es in ganz Deutschland maximal zwei Menschen gibt, die das tun, die andere Person wäre dann vielleicht ein alter Apfelbauer.
Das bin ich aber eventuell auch selber. [verstellt die Stimme] *»Der alte Apfelbauer ist wieder da mit seinen Äpfeln.« »Iesch dreh durch, iesch geh woanders hin, das ist so laut, wenn der da kommt.«* Ich setze noch einen drauf, Bananen nehme ich auch mit. Und soll ich dir was sagen? In beiden Fällen, sowohl beim Apfel als auch bei der Banane, gibt es das Müllproblem, das Entsorgungsproblem. Aber da hat Mutti natürlich auch ihre kleine Vorrichtung dabei. Ich bin ja Selbstversorger. Ich komme gerade von einem anderen Termin, und da brachte ich dem Gastgeber Kekse mit, die ich gestern Abend extra gebacken habe.

Vegane Chocolate Chip Cookies, die ich in Gläsern transportiere, um Müll zu vermeiden. Und so ist es im Kino auch. Wenn ich was von zu Hause mitbringe, dann sorge ich für ein Gefäß, in das ich meinen Abfall füllen kann.

Vorbildlich – aber was passiert mit dem Gehäuse?
Ach, das ist ja ein interessantes Thema! Apfelkitsch sagen wir hier. Der Apfelkitsch. Und ihr sagt was? Gribsch?

»Gribsch«? Ich sage immer »Gehäuse«.
Weil du das Ganze isst? Ich esse das Gehäuse nicht, das muss ich mir mal angewöhnen. Wenn ich Müll vermeiden will, dann muss ich gefälligst alles bis auf diesen Blöbsch da oben essen, da hast du recht.

Dann aber bitte auch die Bananenschalen.
Die kann man essen, die sind ganz bekömmlich. Nein, man nimmt sie mit nach Hause und säubert damit die Blätter der Zimmerpflanze.

Oder man schmeißt sie auf die Straße, wartet, bis jemand ausrutscht, und macht daraus einen 70er-Jahre-Bilderwitz.
Wenn man die ehemalige Comedy Queen ist. Oder aber man wirft sie jemandem an den Kopf, der für das Falsche demonstriert.

Also ich finde, dass wir die ersten fünf Minuten eigentlich schon durch recht relevante Themen galoppiert sind, oder?
Und jetzt gehen wir essen. Komm.

Hast du ein Lieblingsrestaurant in Köln?
Ja, ich kann mit dem Fahrrad hinfahren. Das heißt, wenn ich Wein getrunken habe, komme ich langsam und vielleicht in Schlangen-linien, aber heil nach Hause. Das ist ein belgisch-französisches Lokal, und ich liebe den Mittagstisch, auch wenn es in erster Linie Fisch- und

Fleischgerichte gibt, was für mich als Veganerin natürlich nicht so richtig dufte ist. Aber ich bin ein großer Beilagenspezialist, und inzwischen hat sich die täglich wechselnde Karte insofern geöffnet, dass dir auch sofort zehn vegane Gerichte um die Ohren geschmissen werden. Auf einer großen Schiefertafel steht mit Kreide geschrieben – unleserlich, weil die Lady, die das schreibt, eine interessante belgische Handschrift hat –, also da steht, was es gibt. Und wenn die fünf Fische weg sind, werden die durchgestrichen. Desserts bestellst du bitte schon am Anfang, sie kommt und sagt: [ahmt Akzent nach] »Wir aben nich viel davon, da musst du direkt bestellen. Willst du aben das, bitte jetzt sagen, sonst ich muss doch streichen.« Ja, der Ton dort ist rau, aber da gehe ich gerne hin.

Dein Essverhalten gleicht den Amplituden, den Ausschlägen, die wir von den Herzmonitoren vieler Krankenhausserien kennen. 20 Jahre lang warst du Vegetarierin, dann plötzlich so heiß auf Fleisch, dass man befürchten musste, du würdest es aus Tieren direkt herausbeißen. Inzwischen ernährst du dich vegan.
Ich stelle mich ja ständig auch selbst infrage. Das ist ganz, ganz wichtig, wenn man sich der Öffentlichkeit zur Verfügung stellt. Wer auf diese Weise für Menschen arbeitet, der bekommt generell Feedback. Da muss man aufpassen. Wenn das Feedback negativ ist, bin ich dafür sehr empfänglich. Bei positivem Feedback trete ich allerdings immer auf die Bremse oder schalte direkt den Rückwärtsgang ein und denke: »I'm not worth it. Das kann ich alles jetzt nicht annehmen, ich bin doch schon so happy mit dem, was ich mache. Und wenn ihr das jetzt auch noch gut findet, o Gott, o Gott.« Ja, ich war recht früh Vegetarierin, das begann schon in der Schulzeit. Und dann kamen diese sieben Jahre der totalen Fleischliebe. Da holte ich alles nach, was ich offensichtlich versäumt hatte, das diktierte mir der Körper. Etwas in mir brauchte Fleisch, bis die Einsicht kam: »Nee, jetzt reicht's auch. Du kannst nicht jeden Drehtag mit einem Wurstbecher beginnen.«

Ich kam ans Set und sagte: »Zehn Würste, bitte. Klein gehäckselt, in einem Becher und diese schreckliche 1,30-Euro-Curry-Pampe drauf. Danke, tschüss.« Das war mein Frühstück. Bis die totale Kehrtwende kam. Während dieser sieben Jahre lachte ich alle aus, die es nicht gut fanden, die vernünftig waren und sagten: »Es ist nicht gesund, wie viel Fleisch du isst.« Jetzt bin ich vegan, und es fühlt sich richtig und gut an. Mein Essverhalten fühlte sich zum jeweiligen Zeitpunkt *immer* richtig und gut an. Und das finde ich eigentlich ganz schön, wenn der Körper auch ein Wörtchen mitzureden hat.

Ich stimme dir absolut zu. Es wird nicht auf jede Art der Unverträglichkeit zutreffen, aber vermutlich machen sich manche Menschen viel zu sehr verrückt und sind in ihren Entscheidungen zu absolut. Sowohl beim Zusichnehmen als auch beim Weglassen ist es vielleicht sinnvoll, gewisse Dinge erst mal auf Zeit zu probieren.

Ich mache dir jetzt ein Geständnis: Ich esse viel zu schnell. Wenn mir was schmeckt, dann schlinge ich. Daher ist es auch nicht schön, mit mir essen zu gehen oder mit mir an einem Tisch zu sitzen, was natürlich in der Familie ständig geschieht. Uiuiui, esse ich schnell. Das kann nicht gesund sein. Isst du langsam oder schnell?

Eine Freundin von mir isst gaaaanz langsam – was mich beeindruckt und nervt, weil es irre lange dauert, bis sie endlich aufgegessen hat. Ich schlinge nicht. Bei mir ist es so ein Mittelding. Aber wenn du es weißt, dass du zu schnell isst, könntest du es ja ändern.

Ja, und es ist im Grunde auch total idiotisch, denn ich tue vor mir selbst so, als sei es eine Ausnahme. »Komm jetzt. Leute, das ist gerade so lecker. Heute kann ich nicht warten.« Wie bescheuert. Ich hangele mich von einer Ausnahme zur anderen, wenn es um das Esstempo geht.

Für wie viele Leute kannst du als Gastgeberin richtig entspannt kochen?

Lässig mal eben schnell für vier, das geht ruckizucki, auch ohne vorher einkaufen gegangen zu sein oder auf den Markt zu fahren. Es geht ohne. Ich habe alles da. Für acht geht auch, aber dann bin ich ein bisschen streng. Ich setze mich immer auf den Platz, von dem aus ich am schnellsten in die Küche laufen kann.

Das ist doch nicht ungewöhnlich.

Ja, aber es kann passieren, dass ich dann für längere Zeit in der Küche verschwinde. Ich möchte so sehr, dass es den Menschen schmeckt, und vergesse dabei, dass zum Schmecken auch die Köchin selbst gehört, die Gastgeberin, die bei ihren Gästen sitzt und auch »Mmh« macht und die Stimmung am Tisch mitbekommt und sich zur Not auch die Kritik gefallen lassen muss »Das schmeckt ja nach gar nix«.

Ach komm, das hörst du nicht, wenn du dir Gäste einlädst. Das kann nicht sein.

Na ja, ich koche ja auch Fisch und Fleisch, ohne es selbst abschmecken zu können. Es kann also passieren, dass jemand sagt: »Aha, wir salzen das selber?«, so, weißt du. Vielleicht verwürze oder unterwürze oder überwürze ich das Ganze. So muss sich Beethoven gefühlt haben. Der Vergleich hinkt, ich weiß. Aber der hörte ja zum Schluss auch nicht mehr, was er komponiert hat. Ich backe und koche Sachen, ohne garantieren zu können, dass das mundet.

Beschreib mir doch mal bitte deine Küche.

Die ist wunderschön. Es ist genau die Küche, die ich immer gesehen habe, als ich damals noch in dieser Butze im Belgischen Viertel lebte. Auf dem Weg zur Bahn oder zur Uni bin ich an einem Küchenstudio vorbeigelaufen, in der Straße gleich bei mir um die Ecke. Jahrelang sah ich an der einen Seite des Schaufensters, hinter der großen Glasfront, eine ganz bestimmte Küche. Ist das dann Manipulation oder ist das Prägung? Wenn du etwas ständig siehst.

Hm, vielleicht Konditionierung.
Konditionierung! Diese Küche musste ich haben. Ich sagte: »So, die will ich. Die soll es sein. Keine andere.«

Wie also sieht sie aus?
Eierschalenfarben.

Dunkle oder helle Eier?
Hä? Helle. Hä, was?

Ich wollte dich necken.
Stimmt, es gibt ja auch dunkelbraune. Nee, helle Eier, also eierschalen-hell. Nicht gelb und auch nicht bräunlich, aber offwhite. Offwhite! Jetzt habe ich es. Die ist total modern, sieht aber ein bisschen alter-tümlich aus und hat ganz schöne Griffe. Innen aus Kirschholz, wirk-lich wunderschön, aber leider zu wenig Arbeitsfläche. Da habe ich mich etwas verkalkuliert, weil ich damals noch nicht so ein Koch- und Backtier war. Man verändert sich ja Gott sei Dank. Ich liebe meine Küche sehr. Sie ist vermutlich auch das Wertvollste in meinem Haus. Wer mich bestehlen wollte, müsste die Küche mitnehmen, und das wird schwierig, Freunde, das wird kompliziert. Wenn du zu Besuch kämst, würdest du mir beim Kochen zuschauen. Auch wenn wir mehrere Leute wären, ich mag es total gerne, während des Kochens miteinander zu reden. Aber bitte nicht assistieren, das stört mich total.

Wenn ich es richtig verstanden habe, gibt es eine gewisse räumliche Distanz zwischen Küche und Esstisch.
Ja, gefühlt zwei Stadtteile. Ist eine lange Strecke. Ich habe einen Elektroroller.

Und zu wenig Arbeitsfläche. Was ist denn, wenn du das alles noch mal veränderst?

Dann bricht die Bude zusammen und es gibt Tote. Nee, das geht nicht. Ich hätte ja auch gerne eine Durchreiche, aber das bietet sich nicht an. Ich finde so was ja super. Kommt nicht langsam mal die Zeit der Durchreichen zurück? Kennst du, oder?

Klar.

Ich hatte Verwandte, die leider nicht mehr leben. Die hatten eine Durchreiche in ihrer Bude. Mann, fand ich das klasse! Wenn wir da eingeladen waren als Familie, wollte ich einfach immer nur Sachen durch diese Durchreiche schieben, für mich das Größte! Ich war darauf regelrecht konditioniert. Das ist ein wunderbares Wort: konditioniert. Also, obwohl ich mir immer eine gewünscht habe, war es technisch hier nicht machbar. Insofern, ja, ich muss von der Küche zum Essbereich ein bisschen latschen, aber eigentlich finde ich es sogar ganz schön, mit etwas anzukommen und die Leute sagen »Oh, guck mal«.

Gut, spinnen wir die Geschichte mal weiter. Ich halte mich also jetzt mit dir in deiner eierschalenfarbenen Küche auf, wir erwarten ein paar Leute, und du müsstest nicht extra noch einkaufen gehen. Was würdest du kochen, so ganz ad hoc?

Ich habe immer Kartoffeln im Haus, das ist eine Erziehungssache. Kartoffelfamilie. Ich liebe zum Beispiel selbst gemachte Reibekuchen. Es stehen auch immer ein paar Gläser selbst gemachtes Apfelmus im Keller, ich wecke und koche ein. Mein selbst gemachtes Traubengelee ist so lecker.

Oh, wie machst du das?

Hö? Einkochen. Gelierzucker. Rein ins Glas. Fertig. Mehr ist da doch nicht drin in so einem Traubengelee, Bettina.

Zitrone? Zimt? Vanille?

Null. Null! Nein, nein, nein, keine Vanille. Nix. Alles raus, weg mit dem Schmand. Meine Trauben, die bei mir über das Balkongeländer ranken, haben so einen tollen Eigengeschmack, dass sie fast künstlich schmecken. Und zwar genau so, wie ich das aus Nordamerika, aus Kanada oder den USA kenne, wenn man sich bei 7-Eleven einen Slurpee mit der Geschmacksrichtung »Grape«, also Traube, geholt hat. Der besteht aus gestoßenem Eis, unten kommt Sirup rein, Wasser dazu, fertig ist die Pampe. Das schmeckt natürlich total künstlich. Und so schmecken meine privaten Trauben! Die koche ich ein, heraus kommt das beste Traubengelee der Welt. Damit kannst du alles verfeinern, es kommt in Salatsoßen oder in Marinaden, es kommt überall rein. So, aber warte mal, was würde ich denn kochen? Irgendwas mit Kartoffeln … Ich kann einen ganz tollen Kartoffelgratin machen, sowohl vegan als auch nicht vegan. Oder eine ganz tolle Eggplant-Parmigiana. *Das* würde ich machen, das ist super. Auberginen liegen immer im Kühlschrank, die halten sich im Gemüsefach auch mal zwei Wochen. Und dazu eine Béchamelsoße.

Gibt es Dinge, die du von deiner Mutter übernommen hast und sie vielleicht schon von ihrer Mutter?

Ja, in jedem Fall das Thema Kartoffeln und was man damit alles anstellen kann. Ich mache wirklich gerne Reibekuchen, nicht nur, weil es was Kölsches ist. Was ich übernommen habe, ist alles, was basic ist. Ich bin natürlich mit Fleischgerichten aufgewachsen, aber die kann ich gut weglassen. In meiner Kindheit wurden ganz viele Geschmacksfreuden eingepflanzt. Ich mag bis heute alles, was sehr würzig ist. Guten Rotkohl. Gerichte, in denen Kapern eine Rolle spielen. Oder die Tomatensoße, die ich immer vorkoche. Die lässt sich super pimpen. Du haust einfach Oliven rein und Kapern und noch ein bisschen Schärfe, fertig. Toll für eine Pasta. Sowas habe ich auf jeden Fall übernommen. Mir fehlen jetzt natürlich solche Sachen wie Eier in Senfsoße.

**Lass uns mal zurückgehen in der Zeit. Du hast noch eine
Schwester. Deine Eltern waren, glaube ich, beide berufstätig,
oder?**

Wir waren Schlüsselkinder.

Habt ihr denn abends zusammen gegessen? Abendbrot?

Ja, das war, das *ist* ganz wichtig. Gemeinsames Frühstück, gemeinsames
Abendessen. Natürlich verschiebt sich das im Laufe eines Lebens, sodass
man für sich selbst feststellt, morgens ganz viel essen zu wollen und
abends nichts. Oder umgekehrt. Ich kann morgens noch nichts essen,
aber abends möchte ich gerne mit der Familie zusammensitzen und
schaufeln. Als ich Kind war, nahmen wir die erste und die letzte Mahlzeit gemeinsam ein, und alles dazwischen waren so Überbrückungen.
Aber auch ganz freudvolle.

Musstest du aufessen?

Ja, das war schon eine Ansage. Aber anders als die Ansagen, die ich
heute mache. Ich weiß nicht, ob das auch eine Generationsfrage ist.
Unsere Großeltern haben das aus einer anderen Motivation heraus
gemacht, das wissen wir alle. Aber heute ist es eine absolut politische,
eine ernährungspolitische Entscheidung, zu sagen: Wir schmeißen
kein Essen weg.

Erinnerst du dich an deine Pausenbrote?

Oh, Pausenbrote sind doch eine tolle Einrichtung. Stullen heißen die.
Aus Vollkornbrot. Ich erinnere mich an den ersten Bioladen bei uns in
der nächsten Ortschaft. Da wurde Brot gekauft, mit dem hätte man
Menschen erschlagen können, das war so dermaßen hart. Ich weiß bis
heute nicht, wie ich das kauen konnte. Ich glaube, das ist heute noch
in meinem Organismus, dieses Brot. Aber der erste Bioladen war
wichtig. Wenn eine der Mütter meine Freundin Heike und mich zum
Ballett fuhr aus unserer eher dörflichen Gegend in die große Stadt,

dann wurde auf dem Rückweg dieses Brot gekauft. Ja, die Stullen waren immer aus Vollkornbrot, nie aus Toastbrot. Obwohl ich ja durch die Geburt und die frühe Kindheit in Kanada eigentlich mit French Toast groß geworden bin.

Ich habe nie verstanden, warum Menschen das tun, aber durftest du dir auch den Rand wegschneiden, was ja zum Beispiel US-Amerikaner sehr oft machen.

Das habe ich nicht gemacht, aber ich kenne den Genuss von Toastbrot. Es lagen Toastbrotpackungen in der Küche, die man wie ein Kissen zusammenschieben konnte. So wurden aus 40 oder aus 30 Zentimetern vier Zentimeter. *Das* ist Toast. Also das ist natürlich ganz elend alles. Und man möchte auch gar nicht wissen, wo dieses Toastbrot herkam, aber es schmeckte natürlich großartig. Alles, was mit viel Butter und mit Eiern gemacht wurde, schmeckt. Und French Toast oder Arme Ritter spielen eine große Rolle in meiner frühen Kindheit.

Fehlt dir so was heute als Veganerin? Auf Eier und Käse könnte ich nur schwer verzichten.

Ja, das ist auch das, was mir am meisten fehlt. Und Eier wären ja eigentlich okay. Wenn es aus guter Tierhaltung kommt und glücklich ist, dann gibt das Huhn so ein Ei ja gerne ab, weil es ein Abfallprodukt ist. Das Ei ist ja die Menstruation. Aber Käse fehlt mir so dermaßen.

Und würdest du ausschließen, dass es diese halbe Volte zurück gibt? Also dass du von der Veganerin wieder zur Vegetarierin oder zur Pescetarierin wirst?

Ich schließe überhaupt nichts aus. Kann alles passieren, aber gerade sind Körper und Geist sich einig, dass ich darauf verzichten möchte. Einfach nur, weil ich es kann. Also im Zuge der umweltfreundlichen, der ökologischen und auch ökonomischen Ernährung müssen Hirn und Körper ja zusammenarbeiten.

Wir kommen zur Rubrik »Entweder-oder«. Weißer oder grüner Spargel?
Grün.

Pizza oder Burger.
Pizza.

Moment. Grün? Hast du eben »grüner Spargel« gesagt?
Ja.

Ach! 95 Prozent aller Befragten entscheiden sich klar für weißen Spargel. Gut, dass der grüne auch mal eine Lobby hat.
Ja. Ich komme auf einer meinen regelmäßigen Radtouren an Spargelfeldern vorbei und mag es, den Spargel zu sehen, den ich esse. Denn der grüne Spargel ist grün, weil er *über* der Erde wächst. Der weiße ist weiß, weil er *unter* der Erde ist. Und so sehr ich Geheimnisse liebe, aber ich mag die Ehrlichkeit des grünen Spargels. »Hier bin ich! Iss mich!« Das finde ich total schön.

Das ist ja eine schöne Begründung, gerade wenn sie von einer Freundin der unterirdisch wachsenden Kartoffel vorgebracht wird.
Weil ich Kartoffeln so dermaßen liebe! Beim grünen Spargel ist es auch so schön zu sehen, dass daraus so große Bäume werden, die dann die Erde düngen, auf der der nächste Spargel wächst. So, wie lautete die andere Frage? Ach ja, Pizza oder Burger. Eigentlich müsste ich Burger sagen, weil ich natürlich für Kinder und Erwachsene in meinem Umfeld auch Burger mache. Ich nehme einfach Pattys, die sind vegan und schmecken auch dufte. Da hat sich viel getan in den letzten Jahren, auch in der industriellen Herstellung solcher Burger, die ich natürlich nicht unterstütze. Aber ich verstehe Menschen, die darauf zurückgreifen.

Spinat oder Rosenkohl?

Ach Gott, beides Lieblingsgemüse.

Isst du Spinat lieber roh oder gedünstet?

Roh als Salat. Aber gerne auch gedünstet, dann asiatisch. Dafür brate ich Sesamkörner an. Die werden in meinem Mörser kleingepampt. Eine Prise Zucker, Misosuppe, Sake und Mirin. Und das kommt über den kurz im Wasser blanchierten, abgeschreckten Spinat. Das ist doch das, was man auch überall bekommt, wo es Sushi gibt.

Genau. Sehr, sehr lecker. Reis oder Nudeln?

Reis. Weil ich so gerne asiatisch koche und weil ich auch gerade noch ein Tikka Masala im Kühlschrank habe. Das geht ja mit Reis auch ruckizucki, und man kann es genauso gut kalt essen. Ich fülle das in mein Glas, wenn ich zur Arbeit gehe, für die Mittagspause im Synchronstudio zum Beispiel. Entweder ich habe es mir in mein Thermo-Dingsbums gepackt, dann ist es noch heiß, oder es ist einfach in einem Glas. Egal. Schmeckt super.

Hast du im Kopf, was in den Fächern deiner Kühlschranktür steht?

Ja, weiß ich alles. Also oben links ist Butter, sowohl die vegane als auch die tierische. Nächste Etage ist Schokoladenpudding. Für die Familie.

Hast du den selbst gemacht?

Nee, der ist gekauft. Und dann liegen auf der linken Seite – völlig bescheuert – Kühlpacks. Falls sich jemand verletzt. Rechts daneben zwei Tuben Tomatenmark. Dann kommen auch schon die Getränke. Eine tierische Milch, eine pflanzliche Milch, zwei Biosäfte. Daneben steht noch ein Öl, das im Kühlschrank stehen muss, keine Ahnung, warum.

Sehr strukturiert, du hast das ja wirklich alles im Kopf. Was ist in deinem Tiefkühlfach? Weißt du das auch so genau?

Ja, im oberen Fach ist Aquafaba, gefroren, weil sich das nicht so lange hält. Das ist das Kochwasser von Kichererbsen, mit dem ich backe, ein guter Eiweiß-Ersatz. Auch da liegen Kühlpacks. Warum habe ich eigentlich so viele Kühlpacks? Dann sind da Eiswürfel für kühle Drinks in einer heißen summer night. Nächste Schublade: tiefgekühltes Gemüse, Fischstäbchen für Fleisch- und Fischesserinnen, tiefgefrorene Heidelbeeren für Heidelbeermuffins, tiefgefrorene Mangostücke, tiefgefrorene Würstchen. Und unterste Schublade: veganes und nicht veganes Eis. Nicht selbst gemacht, gekauft. Viele Sorten.

Beeindruckend. Banane oder Zitrone?

Banane.

Joghurt oder Pudding?

Joghurt. Joghurt gibt es vegan, schmeckt dufte. Und – das noch mal dazu – mit Bananen kann man ja super backen. Die sind ein Ersatz für irgendwas. Da machst du die schnellsten Kekse der Welt, jetzt ohne Witz. Für Eilige und Überforderte und Gestresste: Reife Banane quetschen, Haferflocken, zack, ab in den Backofen. Das sind meine Kekse. Boom. Riecht die Bude gut. Schmecken lecker. Fertig.

Probiere ich mal aus. Du stehst vor der Kamera, seit du ein Teenie bist. Ich habe gelesen, dass du in den 80ern die Hollywood-Diät versucht hast.

Daran kann ich mich sehr gut erinnern. Die hat Spuren hinterlassen. Mir ist bis heute bewusst, dass manche Nahrungsmittel den Metabolismus und den Verbrennungsapparillo anschmeißen und andere sehr lange im Körper verweilen. Damit kenne ich mich bis heute ein bisschen aus, denn nicht alles an dieser Diät finde ich schlecht. Einseitige Ernährung ist natürlich was ganz Schlimmes, aber zu wissen, wie gut es ist, Pausen zu machen zwischen verschiedenen Mahlzeiten, das finde ich bis heute ganz okay. Und wenn es mal Ananas gibt – obwohl ich das ja nur so mittel finde, ständig exotische Sachen zu essen –, dann lässt sich beobachten, dass die viel verbrennt. Sie ist wirklich so ein Aufräumer im Körper. Wenn du schwer gegessen hast und einige Stunden Pause machst und dann Ananas isst, das freut den Körper.

Bei mir brennt Ananas ganz oft im Mund.
Absolut. Und das ist wiederum eine der negativen Erinnerungen. Und alle, die die Hollywood-Diät aus den 80ern noch kennen, die wissen das auch. Wenn du deinen Ananas-Tag hattest oder deinen Kiwi-Tag, dann brannte dein Mund einfach, weil du natürlich Hunger hattest und dementsprechend mehr gegessen hast von diesem Obst. Irgendwann waren die Mundwinkel entzündet. Aber ein paar Sachen habe ich begriffen durch die verschiedenen Diäten.

Viele Leute verzichten auf Kohlenhydrate oder schränken die Aufnahme total ein. Andere merken: Wenn ich das täte, würde ich zu viel anderen Kram essen, um satt zu werden, weil ich mein Hungergefühl nicht loswerde. Wahrscheinlich sollte das jede und jeder für sich ausloten.
Hast du Diäten gemacht?

Einmal eine Ernährungsumstellung auf Zeit, die Montignac-Methode. Die basiert im Wesentlichen auf Trennkost, bezieht aber noch andere Sachen ein. Michel Montignac war Franzose, also ist da dunkle Schokolade im Spiel, Käse – das überzeugte mich. Ein paar Sachen haben bis heute Einfluss auf mein Essverhalten.
Weißt du, wie viele Kalorien ein Apfel hat und eine Banane und so weiter?

Nein. Eine Freundin von mir hat gerade fast 30 Kilo abgenommen nach einer sehr bekannten Methode, bei der man alles zählt und aufschreibt. Für sie war diese Struktur hilfreich. Letztendlich stehen Kalorien oder Kilojoule und Bewegung ja in einem recht abgeklärten Verhältnis zueinander, wenn der Rest stimmt.
Jetzt kommt's: Ich find Heilfasten ganz toll.

Bewundernswert, das kann ich nicht. Joggen übrigens auch nicht. Wie oft machst du das?
Einmal im Jahr. Aber da muss ich wirklich ganz alleine sein und die Sicherheit haben, damit niemanden zu belästigen. Das ist ja für das Umfeld manchmal total ätzend. Dann sagen die: »Jetzt iss doch! Ach, ein Süppchen. Jetzt komm«, wo du so denkst: »Grad geht es gar nicht.« Heilfasten finde ich super. Beim ersten Mal habe ich es unter professioneller Aufsicht gemacht, in so einer Klinik, weil ich alles richtig machen wollte. Ich bin aufgewachsen mit der klaren Ansage: »Wenn du dich wohlfühlst, ist es in Ordnung.«

Das haben deine Eltern dir mitgegeben?
Genau, eine Aufforderung, sich damit auseinanderzusetzen, was es bedeutet, wenn man sich wohlfühlt und wenn man sich nicht wohlfühlt, weil von außen kommt »Du siehst aber nicht gut aus« oder »Du bist zu dick« oder »Du bist zu dünn«. Wie viel bedeutet mir das Urteil einer Redakteurin, eines Chefs oder einer anderen Person? Finde ich total gut, sich damit auseinanderzusetzen. Irgendwann kommt man an diesen Punkt, es herausfinden zu wollen.

Ich finde es so schade, dass dieser Punkt, diese Selbstakzeptanz, oft verhältnismäßig spät kommt im Leben. Und wenn sie sich zeigt, schaut sie vielleicht nur temporär vorbei. Du hast gehofft, dich von diesem ganzen Kram freigemacht zu haben, und ertappst dich plötzlich wieder in einer Situation, in der du denkst:

»Hm, die Jeans, wie ist die denn von hinten?« Und du merkst: »Shit, ich dachte, ich wär' schon weiter.« Ich fühle mich heute in meinem Körper viel wohler und sicherer als damals.

Sehe ich ganz genauso. Ich merke, wie schön es ist, eine Freundschaft mit dem körperlichen, rein äußerlich körperlichen Zustand einzugehen. Bei meiner Arbeit als Schauspielerin wird das ja noch erweitert durch den Aspekt »Körper verändern für eine Rolle«, ich finde das total aufregend und spannend und herausfordernd.

Anke, das war's schon fast.

Nee, nee, nee. Nee, Bettina. Nee, pass mal auf, ich bin hier Gast, und ich bin auch Bestimmer. Verstehste?

Verstehe ich. Es ist so einladend, sich mit dir zu verlieren und einfach in Nebenthemen reinzurutschen.

[singt] Es ist so einladend, sich mit dir zu verliern. Ich möchte nie wieder ohne dich sein. Es ist so einfach, sich mit dir zu verliern.

[singt] Es ist so einfach, sich mit dir ein Brot zu schmiern.

Äh, ich möchte … [singt] Ich möchte diesen Moment auch nicht vergessen.

[singt] … will immer nur ein bisschen mit dir essen. Lass mich über deine Teewurst streichen.

Teewurst vermisse ich. *Die* mochte ich immer.

Hast du dich schon mal von etwas so sehr übergeben, dass du es danach nicht mehr essen konntest?

Ah, ich übergebe mich schon mal. Warte mal, warum übergebe ich mich denn? Aber ob ich … hm. Na ja, bis ich mal gerafft habe, dass ich eine Mandelallergie habe!

Ach, erzähl.

Alter, wie oft habe ich mich in ICE-Toiletten übergeben! Ich konnte das irgendwann richtig gut, in diese schmalen Hygiene-Plastiktüten, auf meinem Sitz mit der Nummer 98B einfach kurz mal zur Seite drehen und in die Tüte gespuckt. Weil ich gerne das sogenannte Studentenfutter dabeihatte. »Das gibt's doch nicht. Jetzt muss ich mich schon wieder übergeben.« Bis ich begriff, dass ich eine Allergie habe.

Du hast deine erste Cola oder deine erste gezuckerte Limonade mit 20 getrunken, stimmt das?

Ja. Das war ein Hammer, das war ein *Hammer*.

Warum so spät? Wurdest du auf einem Berghof sozialisiert? Nein, du warst ja mitten in den Medien. Wie also kann das sein?

Du hast mir schon mal vorgeworfen, ich sei Amish irgendwas, weißt du das noch?

Ja, aber ich weiß nicht mehr, warum. Doch! Stimmt. Weil du so ein Nokia hast von 1912, auf dem schon gar keine Tasten mehr existieren und keine Buchstaben.

Ja, ich lecke da nur drauf, um zu tippen. Nee, ich bin ganz normal aufgewachsen, aber einfach ohne Sodas, ohne süße gezuckerte Getränke. Das war ein Feiertag, wenn es dann bei uns mal die Billo-Limo gab, und zwar nicht gelb, sondern weiß, also Zitronenlimonade, kennst du vielleicht auch noch. Es gab einfach entweder Mineralwasser oder rationierte Zitronenlimonade, nur zu bestimmten Zeiten oder zu bestimmten Anlässen. Das war aber auch total okay. Ich habe es nie hinterfragt. Cola finde ich total lecker, aber auch da gibt es gute Alternativen zu dieser einen Marke.

Beendest du ein Essen gerne mit einem Dessert? Mit Käse, Schnaps, Espresso?

Ich würde immer mit einem Kaffee enden und mit etwas ganz, ganz Süßem, einer richtig guten Nachspeise. Ich kann nur zwei, drei gute Desserts machen, das ist bei mir ein ganz heikles Thema. So gut ich auch backen kann und so gerne ich irgendwelche Energy-Balls mache, aber das Thema Dessert ist nicht genug bearbeitet.

Da wartet das Leben noch auf dich.

Deswegen auch das viele Eis in der untersten Schublade des Gefrierfachs. Ich habe zum Beispiel noch nie ein Sorbet selber gemacht. Ich bewundere es sehr, wenn Leute ein tolles Dessert zaubern können.

Simsalabim, schon sind wir am Ende. Sprechen wir ganz kurz über Toast Hawaii. Als Veganerin könntest du immerhin einen 4-cm-Toast mit Ananas und Kirsche obendrauf essen.

Ja, ohne Schinken, aber mit Ersatzkäse. Das geht alles. Was für eine schöne Klammer, denn zu Beginn erzählte ich dir doch davon, wie sehr ich Toast schätze. Geht dann natürlich nicht mit Ei, da müssen irgendwelche anderen Sachen drauf oder dran, aber eigentlich ist Toast eine feine Sache und Toast Hawaii auch. Ich habe noch nie selber einen Toast Hawaii hergestellt zu Hause. Du?

Habe ich gemacht, sogar mit Ketchup, das darf man aber eigentlich nicht. Das ist Blasphemie. Aber in meiner Erinnerung hat es mir wirklich geschmeckt.

Na ja, diese Kombination von herzhaft und süß. Ist schon spitze. Und diese Kombination von crunchy und schleimig und so! Mmh, yummy.

Veganer Auberginenauflauf

Für 4 Personen
Zubereitungszeit 1 Std., Backzeit 40 Min.

Für die Tomatensoße:

10 reife Tomaten | 1 Stange Staudensellerie | 1 Möhre | ½ rote Paprika | 2 große Gemüsezwiebeln (ersatzweise 4 kleine) | 2 Knoblauchzehen | Olivenöl zum Braten | Salz | Pfeffer | 1 TL Agavendicksaft | 1 Schuss Apfelessig | 1 TL gehackter Majoran | 1 TL gehackter Oregano | 1 TL gehackter Rosmarin | 1 TL gehackter Thymian

Für die Béchamelsoße:

2 Zwiebeln | 500 ml kalter Sojadrink | 2 Lorbeerblätter | ½ TL frisch geriebene Muskatnuss | Salz | Pfeffer | 2 EL vegane Margarine | 4 EL Kichererbsenmehl | 2 EL vegane Reibekäse-Alternative

Für die Auberginen:

2 Auberginen | Mehl zum Panieren | 250 ml Sojadrink | 1 EL Kichererbsenmehl | Semmelbrösel zum Panieren | Olivenöl zum Braten

Außerdem:

Auflaufform (30 x 20 cm) | Olivenöl für die Form | 1 Bund Basilikum | 200 g vegane Reibekäse-Alternative

1. Für die Soße die Tomaten waschen und in kleine Würfel schneiden, dabei die Stielansätze entfernen. Selleriestange waschen, Möhre schälen. Paprikaschote waschen, weiße Trennwände und Kerne entfernen. Das Gemüse in kleine Stücke schneiden. Zwiebeln und Knoblauch schälen und getrennt würfeln.

2. Etwas Öl in einer Pfanne erhitzen und die Zwiebeln darin glasig andünsten. Das Gemüse zugeben und mit anbraten. Dann die Tomaten einrühren und bei kleiner Hitze ca. 20 Min. köcheln lassen, bis sie zerfallen. Dabei regelmäßig durchrühren. Die Soße mit Knoblauch, Salz, Pfeffer, Agavendicksaft und Essig würzen. Die Kräuter einrühren und die Soße pürieren.

3. Für die Béchamelsoße die Zwiebeln schälen und vierteln. Sojadrink, Zwiebeln, Lorbeerblätter, Muskatnuss, Salz und Pfeffer in einem Topf aufkochen und bei kleiner Hitze ca. 10 Min. köcheln lassen. Den aromatisierten Drink dann durch ein Sieb abgießen.

4. Die Margarine in einer Pfanne bei kleiner Hitze schmelzen. Das Kichererbsenmehl mit dem Schneebesen nach und nach einrühren und cremig anschwitzen. Den aromatisierten Drink unter Rühren zugießen. Den Reibekäse einrühren und die Béchamel nach Belieben mit Muskatnuss, Salz und Pfeffer abschmecken.

5. Für die Auberginen die Früchte waschen, putzen und in je 6 Scheiben schneiden. Das Mehl in eine flache Schale geben. Sojadrink und Kichererbsenmehl in einer zweiten Schale verrühren. Die Semmelbrösel in eine dritte Schale geben. Die Auberginenscheiben nacheinander zuerst im Mehl, dann im Sojamix und zuletzt in den Semmelbröseln wenden. Auf einen Teller legen. Etwas Öl in einer Pfanne erhitzen und die panierten Auberginen darin portionsweise von beiden Seiten knusprig hellbraun anbraten.

6. Den Backofen auf 180° vorheizen, die Auflaufform mit Olivenöl einfetten. Das Basilikum waschen, trocken schütteln und die Blätter abzupfen. Nacheinander Tomatensoße, Auberginen und Béchamelsoße in die Form schichten. Dabei etwas Basilikum dazwischen verteilen und die Béchamel mit etwas Reibekäse bestreuen. So fortfahren, bis Tomatensoße, Auberginen und Béchamel aufgebraucht sind. Mit einer Schicht Béchamelsoße abschließen und dick mit dem restlichen Reibekäse bestreuen.

7. Den Auflauf im Ofen (Mitte) ca. 30 Min. backen. Zur Garprobe mit einem Holzstäbchen hineinstechen und den Auflauf eventuell noch 5–10 Min. weiterbacken. Aus dem Ofen nehmen, in Stücke schneiden und servieren.

TIPP: Basis dieses Traumgerichts ist eine frisch gekochte Tomatensoße. Wenn es hierzulande tolle Tomaten gibt, gleich eine größere Menge auf Vorrat kochen und portionsweise tiefkühlen. Die Soße kann als Basis für viele Gerichte verwendet werden.

Henry Hübchen

Vor ungefähr 18 Jahren begegnete ich Henry Hübchen zum ersten Mal, und seither durfte ich ein paarmal mit diesem ungewöhnlichen und eigensinnigen, herzlichen und sehr lustigen Schauspieler arbeiten. Immer wieder spielt er – das kann man wohl so nennen – Lebensrollen, z. B. 1974 im Film »Jakob der Lügner«, einer erfolgreichen DDR-Produktion. Mit seiner Darstellung wurde Hübchen für den Oscar nominiert. Oder in »Alles auf Zucker«, großartig. Die Mitte 70 sieht und merkt man dem gebürtigen Berliner nicht an. Er ist unvermindert charmant, er ist selbstbewusst, und als ich die Tür öffne, überreicht er mir gleich ein Geschenk. Also – er drückt mir einen Gegenstand in die Hand, murmelt etwas und geht dann an mir vorbei durch den Flur. »Schick hastes hier.«

Henry, als ich eben die Tür öffnete, … nicht dass ich Blumen erwartet hätte, aber du hast mir einen Becher Bio-Kefir in die Hand gedrückt. Gibt es dafür einen Grund?

Na ja, Blumen oder auch *eine* Blume, dachte ich, wären viel zu konventionell für dich. Irgendwie habe ich dich so eingeschätzt.

Dass ich Bio-Kefir trinke?

Dass du dich bewusst und gesund ernährst. Ich gehe auch davon aus, dass du regelmäßig auf irgendwelche Märkte gehst. Ich hätte gedacht, es bestünde eine Verbindung zwischen dir und dem Bio-Kefir, aber du scheinst eher erschüttert zu sein.

Nicht erschüttert, eher irritiert. Warum wolltest du den Becher denn mit ins Studio nehmen?

Um mich zu erinnern, dass ich ihn dir geschenkt habe.

Trinkst du denn selbst so was Gesundes?

Neuerdings. Ja, das macht mich frisch. Erst seit zwei Wochen. Früh morgens Kefir und eine Banane und ein bisschen Obst. Ach, wenn es doch dabei bleiben würde! Leider kommen dann wieder Weißbrot-Toastschnitten und Marmelade und eine dicke Wurst dazu.

Du bist demnach jemand, der sich eigentlich gerne gut ernähren würde, aber schließlich vor seinen eigenen Schwächen kapituliert.

Ja, ich nehme es mir vor, kauf mir auch Bücher über Ernährung, wie ich mir Bücher kaufe über alles Mögliche, was ich machen will. Sobald sie gekauft sind, habe ich schon irgendwie das Gefühl, jetzt bräuchte ich sie nicht mehr zu lesen. Also es ist wirklich fürchterlich.

Was befindet sich denn so alles in deinem Kühlschrank?
Heute wenig. Weil ich im Moment alleine lebe und festgestellt habe,
dass ich, wenn ich einkaufen gehe, viel zu viel kaufe. Dann wird
immer was schlecht. Eigentlich komme ich mit drei Scheiben Salami
und einer kleinen Teewurst zurecht.

Nenn mir doch mal etwas, das du wegwirfst.
Leberwurst. Die vergesse ich, wenn ich sie zu weit nach hinten schiebe
im Kühlschrank. Oder aufgemachte Pesto-Gläschen, von denen ich
mir einmal schnell was über die Nudeln gehauen habe.

**Es kann helfen, Olivenöl darauf zu gießen, um das Ganze etwas
länger zu konservieren.**
Ach, siehst du, hat mir keiner gesagt, wusste ich nicht. Gieß ich rein.
Na, und dann Käse.

Was für Käse?
Letztens habe ich an der Käsetheke einfach nur hingezeigt. So harten
Käse.

Du hast gesagt, »harten Käse, bitte«?
Das sehe ich ja, dass das ein harter Käse ist, und zeige nur hin.
Hab den einfach so nach der Optik ausgewählt. Der liegt hinten im
Kühlschrank. Also die Reste davon.

Marmelade?
Marmelade, die teure Konfitüre mit Stücken drin. Aber frühmorgens
esse ich Honig und Pflaumenmus. Gehört Pflaumenmus zur Marmelade?

Gute Frage. Und dann richtest du dir das alles schön her?

Nein, wenn ich allein bin, bin ich einfach kein Frühstückszelebrierer. Nur für mich mache ich mir das nicht schön.

Was sich aber ändert, wenn du zu zweit oder zu mehreren frühstückst?

Ja. Machen dann die anderen. Statt irgend so 'nem Brett gibt's dann Geschirr, alles wird richtig gedeckt mit Messer und Gabel und 'ner Kerze, da sieht der Tisch schon auch gut aus. Ich selbst stelle immer alles nur raus. Da wird auch die Wurst nicht mal auf den Teller gepackt, sondern nur das Papier aufgeklappt, einfach so wie im Supermarkt.

Ich glaube, das machen viele Leute. Vor allem, wenn es schnell gehen muss.

Na ja, aber dass man so mit sich umgeht, ist eigentlich nicht schön. Bei mir ist es ja noch schlimmer, denn ich habe ja immer auch den Computer vor mir stehen …

Du bist wie ein Zwölfjähriger.

… und gucke, das ist das Schönste, im Computer, was es Neues gibt. Dabei mampfe ich dann irgendwas. Und mir reicht schon, wenn ich 'n Ei koche oder ein Rührei mache. Das ist übrigens …

… eine Kunst?

Ja, das mache ich dann schon, auch wenn jemand anderes Frühstück zubereitet. Rührei mache ich selber.

Also wir stellen fest: Dein Kühlschrank ist nicht immer voll. Und das, was hinten liegt, befindet sich da unter Umständen schon länger.

Ja. Und dann gibt es ja noch ein Eisfach, und in dem ist zur Not immer irgendwas drin, meistens Shrimps oder so. Die mache ich mir dann ganz schnell mit ein bisschen Knoblauch und Salz und nichts weiter.

Hast du ein Lieblingsessen?

Roulade. Sag ich jetzt einfach mal.

Wie, »sag ich jetzt einfach mal«?

Na ja, wenn ich jetzt länger darüber nachdenke, fällt mir vielleicht noch etwas anderes ein. Dauert dann aber.

Du, ich hab Zeit. Ich mache mir jetzt mal schön in Ruhe deinen Kefir auf und probiere, wie der schmeckt.

Ja, mach mal. Und selbst wenn ich jetzt fünf Minuten nachdenken würde, diese Chart-Fragen – Lieblingsessen oder Erster, Zweiter, Dritter –, in meinem Leben gibt es das nicht. Gibt es in der Musik nicht, gibt es beim Essen auch nicht. Mir fallen gerade wunderbare Königsberger Klopse ein. Mmm.

[Bettina trinkt Kefir]

Und?

Himmel! Das magst du?

Trink mal, du wirst heute richtig Energie haben.

Puh. Das schmeckt … wie eine Mischung aus Schweiß und Sojamilch. Das muss schnell wieder aus meinem Mund raus.

Bettina, das schmeckt super. Ja, aber so unterschiedlich sind die Geschmäcker.

Du hast also kein Lieblingsessen, Henry, aber vielleicht …
Ich sagte doch: Rouladen.

Und im gleichen Atemzug hieß es, es gäbe kein Charts-Essen. Ich hätte wetten können, dass du ein Leibgericht hast.
Tatsache, ja? Nein, so bin ich nicht. Egal, worum es geht. Ob du sagst, das ist meine Lieblingsfrau oder mein Lieblingstier oder mein Lieblingsstern – gibt es nicht.

Du bist eben ein Hippie. Du liebst alle Sterne und alle Frauen.
Nein, nicht alle, aber nicht eins, zwei, drei und auf Platz sieben oder so. Nee, gibt es nicht.

Erinnerst du dich an ein typisches Essen deiner Kindheit?
Ja, schon. Ich muss aber dazu sagen, meine Mutter, Gott hab sie selig, war wirklich keine Köchin. Wir mussten uns ernähren. Damit man lebt. Aber Essen wurde nie zelebriert, es wurde irgendwas gemacht. Da gab's dann Schnitzel, Kotelett, Kartoffeln.

Na ja, immerhin.
Als ich erwachsen war und das erste Mal eine Beziehung hatte, habe ich überhaupt mitgekriegt, dass es Frauen gibt, die richtig toll kochen können.

Was ist denn mit deinem Vater? Konnte der kochen?
Nee, auch nicht. Der war eher so ein Jäger. Jäger in dem Sinne, dass er angelte oder irgendwelche Aalreusen auslegte.

Ich würde so jemanden »Angler« nennen.
Angler?

Na ja, man müsste nicht »Jäger« sagen. Aber meinetwegen. Er hat Fische gejagt.

Gejagt hat er auch. Weihnachten brachte er immer eine Gans mit oder 'ne Ente. Also in *dem* Sinne hat er gejagt, in den Geschäften. Nur mal so: Wir reden von den 50ern, und dann im Osten. Da gab's natürlich was, um sich zu ernähren, aber schönes Rouladenfleisch oder ein richtiges Steak zu bekommen war schon nicht so einfach. In meiner Erinnerung gab es immer ein Problem, da musste man unterm Ladentisch eine Beziehung haben.

In den ersten Jahren gab es Lebensmittelkarten, oder?

Ja, ganz früher. Das war wohl auch der Grund, warum mein Vater, der bei Siemens arbeitete, vom Westen in den Osten rüberging beziehungsweise vom französischen Sektor in den sowjetischen. Er nahm in einem von den Russen beschlagnahmten und übernommenen AEG-Betrieb eine Stelle als Assistent des Produktionsleiters an und bekam doppelte Lebensmittelkarten und eine 2,5-Zimmer-Wohnung, für drei Personen. Da gehst du natürlich zum Russen. Er hatte auch keine Angst vor Russen, davon mal ganz abgesehen – aber sage ich jetzt so nebenbei –, weil er ein bisschen indoktriniert war durch einen Freund, der in der Kommunistischen Partei war. Jedenfalls gab es Lebensmittelkarten. Aber da war ich noch sehr klein, ich kann mich nicht erinnern. Ich weiß eben bloß, dass unsere Familie dann gespalten war. Die anderen lebten alle im Westen.

Es gab Großeltern in Charlottenburg.

Großeltern und Onkel und so. Die waren alle im Westen.

Aber die Mauer stand noch nicht.

Die Grenze existierte, aber in der offenen Stadt. Und bei Familienfesten habe ich mich schon immer gefreut, dann ging es rüber zur Oma, dort gab es wunderbare Obstkuchen, vom Bäcker! Daran kann ich mich im Osten nicht erinnern. Meine Mutter hat auch nie was gebacken oder mal vom Bäcker einen Tortenboden geholt. Bei den Verwandten in Siemensstadt gab's den, und er wurde mit Aprikosen, Kirschen, Mandarinen und Ananas belegt. Da kommt der kleene Ost-Junge durch.

Ja bestimmt.
Im Osten gab es selten Frisches, Ananas sowieso nicht, eher Ein-gewecktes. Diese Torten waren für mich der Westen.

Aprikosen und Kirschen – klar. Aber man darf nicht vergessen, dass es diese exotischeren Früchte wie Ananas jetzt auch nicht überall im Westen gab.
Ach, Tatsache?

Ich kenne mich in den 50er- und 60er-Jahren nicht so gut aus. Aber viele der exotischeren Früchte, wie zum Beispiel Kiwis, gab es noch nicht zu kaufen, als wir Kinder waren. Als die in unserem Lebensmittelladen verkauft wurden, galten sie als etwas ganz Exklusives und kosteten richtig viel Geld.
Kiwi lernte ich erst nach der Wende kennen. Aber mit Ananas hatte ich mal ein Erlebnis. Zu Weihnachten gab es natürlich Geschenke, auch Weihnachtspakete von meinen Großeltern.

Westpakete!
Zwei Großeltern, also zwei Westpakete. Ich sagte: »Ich möchte mich mal so richtig vollfressen mit Ananas, bitte schickt mir zehn Büchsen davon.« Ich hatte so eine Lust auf diese verdammte Ananas: Die Büch-sen kamen dann auch. Ich weiß noch, ich hab mich hingesetzt und damit vollgestopft, bis ich nicht mehr konnte. Du musst dich nur ein-mal vollfressen, dann hast du Ruhe davon. Habe Jahre keine Ananas mehr gegessen.

Du weißt natürlich, dass Ananas das Wappenobst von Toast Hawaii ist. Hast du das denn mal gegessen?

Na sicher. Toast Hawaii hat, glaub ich, der Osten erfunden. Also ich kenne es aus der DDR. Toast Hawaii war ja sozusagen eine Art Reiseersatz.

Du hast vorhin von den fehlenden Koch-Ambitionen deiner Mutter erzählt. Sie war berufstätig und es passte vielleicht auch gar nicht zu ihrem Lebensentwurf, den ganzen Tag zu Hause in der Küche zu stehen.

Nee, das sowieso nicht. Aber sie hatte auch so gar keine Leidenschaft, was das Kochen betrifft.

Muss man ja auch nicht haben, nur weil man eine Frau ist. Ich betone das, weil du vorhin auch sagtest, du hättest irgendwann Frauen kennengelernt und dich gewundert, dass die kochen können.

Ja, ich habe nun mal nicht mit Männern zusammengelebt. Entschuldige bitte.

Hallo? Man muss ja nicht …

Aber ich kenne natürlich auch Männer, die gut kochen können. Meine Mutter hatte keene Leidenschaft. Meine Eltern sind früh um sieben aus dem Haus gegangen. Ich war ein Schlüsselkind.

Was habt ihr gefrühstückt?

Bestimmt habe ich mir ein geschmiertes Brot in die Schultasche gepackt und mitgenommen. Ansonsten gab es ja Schulessen. Eigentlich bin ich ein Allesfresser, aber was fürchterlich war, was ich nicht gegessen habe, ist Kürbis, irgendwelche Kürbissuppen.

Finde ich nun wiederum ganz lecker.

Wenn man es richtig macht, vielleicht. Aber als Schulessen war es eine Katastrophe. Und saure Eier.

Du meinst aber nicht Senf-Eier, oder?

Vielleicht meine ich Senf-Eier. Die sind doch sauer, oder nicht? Sind die nicht ein bisschen säuerlich?

Wie Senf eben ist.

Was ich auch hasse: wenn auf den Tellern alles so zusammengemischt ist. Ich will große Teller und dann alles einzeln legen. Nicht so ineinander und übereinander. Und die Portionen klein, keine Berge, bitte.

Bist du jemand, der gerne Gäste einlädt?

Nee, ich bin kein guter Gastgeber.

Was ist denn ein guter Gastgeber?

Jemand, der sich freut, wenn andere kommen, und der was vorbereitet hat. Du kannst bei mir spontan vorbeikommen, so was, ja. Aber da wird jetzt nicht viel Brimborium gemacht.

Man muss dich nicht besonders gut kennen, Henry, um zu wissen, dass du nicht der Typ bist, der seine Gäste mit zum Schwan gefalteten Servietten empfängt. Wobei ich mir durchaus vorstellen könnte, dass du eine gute Pasta hinlegst oder ein passables Hühnerfrikassee.

Ist sogar neulich mal passiert. Ich habe nicht im großen Stil eingeladen, aber mal zu zweit, zu dritt, zu viert.

Das reicht doch auch.

So, ja, aber es kommt auch noch hinzu, dass ich lieber woanders hingehe, weil ich dann verschwinden kann, wann ich will.

Hahaha, das kenne ich sehr gut.

Ich bin noch nicht ganz so abgebrüht wie ein Bekannter von mir.
Der legt sich schlafen, wenn er Gäste hat, die nicht gehen wollen.

Das ist nicht abgebrüht, das ist manchmal Notwehr.

Da bin ich dann wieder zu verklemmt, um einfach schlafen zu gehen,
wenn die da noch sitzen. Würde mir nie einfallen. Also:
Ich werde gerne eingeladen und bin aber auch nicht der Ewig-Sitzer.

**Unter der Woche reichen doch auch drei gemeinsame Stunden am
Abend. Hallo, essen, tschüss.**

Finde ich auch total, ein Anfang kennt auch ein Ende. Gut, wenn es
vorher schon angesagt wird.

**Du hast früh angefangen, für Film und Fernsehen zu arbeiten, und
wurdest bestimmt auch dementsprechend entlohnt. Es ist nicht
selbstverständlich, als Zehnjähriger eigenes Geld zu verdienen.
Weißt du noch, wofür du es ausgegeben hast?**

Ich habe erst mal gespart und mir irgendwann eine Gitarre gekauft.
Nein, ich bin nicht so ein Ausgeber. Ich bilde mir ein, nicht über
meine Verhältnisse zu leben.

**Bist du denn beim Essen sparsam? Wenn du einkaufen gehst
oder zum Wochenmarkt und vor einem frischen Lachs stehst,
überlegst du, ob der vielleicht doch zu teuer ist?**

Nee. Ich gehe auch in die unterschiedlichsten Supermärkte.

Und in Biomärkte?

Ich bin nicht so ein Biomarkt-Geher. Überhaupt nicht. Gut, jetzt hast
du mich doch … Denn manchmal denke ich: *Was* wollen die hier für
die Bananen haben? Biomarkt ist mir ein bisschen zu teuer. Zudem
glaube ich nicht, dass ich als deren Kunde so viel länger lebe. In Fein-

kostläden und so was gehe ich und da ist mir der Preis egal. Ich kaufe Lachs oder anderen Fisch oder was auch immer. Aber es gibt kein »An dem und dem Tag bin ich zum Einkaufen auf dem Soundso-Markt«. Ich mache das, wie es mir gerade einfällt. Wenn mir danach ist, dann fahr ich spontan los und hol mir ein paar Austern. Ich hab mindestens drei Austernmesser, um die Dinger aufzukriegen. Das ist nicht einfach.

Wo wir schon mal bei der Ausstattung deiner Küche sind …
… die ist katastrophal.

Im Sinne von zu wenig, zu falsch oder zu viel?
Na, ich habe dir ja gesagt, ich bin wirklich kein Küchen-Fan und kein Koch.

Du hast drei Austernmesser!
Ja natürlich. Weil Austern irgendwann in meinem Leben eine Rolle gespielt haben.

Gut. Wenn du uns jetzt gedanklich mit in deine Küche nimmst, welche Anschaffung war komplett überflüssig?
Habe ich dann auf jeden Fall nicht selber angeschafft.

Natürlich nicht, war bestimmt deine Partnerin.
Ich finde auch all diese ganzen Maschinen …

Steht da viel bei dir rum?
Nee, die verrotten in irgendwelchen Fächern. Die verrotten noch nicht mal, das ist ja alles trocken. Meine Tochter, die ist ganz begeistert, ja, die kriegt von uns – würde ich mir nie kaufen – Kitchen Aid.

Küchenmaschinen sind oft zu groß.

Ich habe sie als Kind schon gehasst. Meine Mutter hatte so eine. Und es reichte, ein bisschen was damit gemacht zu haben, und sofort musste sie wieder alles abwaschen. War ein Riesentheater. Was aber für die Küche ganz wichtig ist, das ist ein Messer. Und nicht nur eins, sondern viele Messer.

Gute Messer. Stecken deine in einem Messerblock?

Auch, ist alles nicht so ordentlich. Ich bin ein richtiger Messer …

… Messer-Messi.

… na ja. Messer-Messi nicht, aber Messer-Freund und -Sammler. Und meine Messer müssen eigentlich aus Kohlenstoffstahl sein. Die laufen natürlich an und sehen aus wie Besteck meiner Großeltern. Aber sie sind scharf. Ich bin auch ein Freund davon, sie selber zu schleifen. Außer guten Messern braucht man eigentlich nicht mehr viel. Irgendwas aufschlagen kannst du auch mit einer Gabel, aber gut, so einen Handmixer, den lasse ich noch zu.

Den besitzt du auch.

Ja, der liegt irgendwo rum, ich benutze den nicht, finde ihn aber als Instrument okay.

Wir kommen zu Entweder-oder. Süßes oder salziges Popcorn?

Wenn überhaupt, dann salzig. Ich hasse Popcorn. Popcorn gibt's für mich im Kino, sonst findet bei mir kein Popcorn statt. Ich mag's eigentlich überhaupt nicht, wenn Leute im Kino essen. Ich selber würde schon essen, aber die anderen bitte nicht. Es müsste total verboten werden. Schöne Sitze, guter, lauter Ton, ein gutes Bild, und dann konzentriert euch.

Wiener Wurst oder Weißwurst?

Weißwurst. Weißt du, ich esse die wie ein Idiot.

Wie denn?

Weil mir dieses Auf- und Abpellen zu viel ist, esse ich die Pelle mit.

Das ist doch ratzfatz superschnell gemacht.

Ja, *natürlich*. Nein, es geht wirklich nicht um die Geschwindigkeit.
Aber nach dem Aufschneiden sähe es dann nicht mehr wie eine Wurst
aus. Dann sieht es aus wie ... Ich möchte das nicht ausdrücken, es
sieht einfach nicht schön aus. Ich nehme die lieber wie eine Bockwurst
und schneide sie in Scheiben. Und diese Pelle, diese Hülle, ist ja Natur.

Darm.

Darm. Ick hab nüscht gegen Darm.

Gut. Ich besitze nämlich auch einen.

Ja genau. Aber ich hab auch überhaupt nichts gegen Innereien.
Manche Leute essen ja keine Innereien.

**Viele Gesprächspartnerinnen und Gesprächspartner, die ich hier
hatte, jedenfalls nicht.**

Ich bin ein totaler Innereien-Esser. Du kannst mir alles an Innereien
vorsetzen, *alles*. Weihnachten! Wenn da eine Gans oder was gemacht
wird – als Erstes habe ich den Magen in der Hand und esse ihn.

Roh?

Nee, nee, roh nicht. Herz. Magen. Mehr ist da ja nicht drin. Ein bisschen Leber noch. Früher im Westen, wenn ich zu meiner Großmutter
in den Haselhorst kam, da ist sie mit mir zum Fleischer gegangen.
Dann kaufte sie natürlich Leber und für den Kleenen gab's immer
schon mal so ein Stück rohe Leber auf die Hand.

Rohe Leber?

Ja, ich bin Rohe-Leber-Esser. War für mich ein Genuss. Esse ich heute auch, wenn ich weiß, dass die frisch ist. Ich könnte fast eine ganze Leber roh essen.

Du kommst nach Hause in deine Dachgeschosswohnung, setzt dich an den Laptop, klappst endlich das kleine schwere, nasse Päckchen vom Schlachter auf und da liegt diese dunkelrote, rohe Leber vor dir.

Hab lange keine Leber gekauft, aber so ein Stück esse ich dann da weg, ja.

Puh! Toast oder Schwarzbrot?

Ah. Eigentlich gutes Schwarzbrot.

Hast du einen Bäcker, der gutes Schwarzbrot macht?

Nicht wirklich. »Hast du einen Bäcker.« Mein Bäcker, mein Fleischer, mein …

Ja was denn, was denn?

Ich *habe* keinen Bäcker, ich *kaufe* einfach da. Außerdem gibt es doch ganz schmackhaftes Brot in den normalen Supermärkten. Ja, entschuldige bitte, ich bin doch am Ende nur so ein …

… einfacher …

… einfacher Mensch, der durch die Kaufhalle läuft und sich da was reinhaut. Aber gut. Schwarzbrot und gut getoastet. Und dann sogar Süßes drauf. Das ist besser als irgendein Toast.

Kaffee oder Tee?

Äh, im Moment Tee, grüner Tee. *Guter* grüner Tee. Halbschatten.

Halbschatten!

Ich habe sogar entsprechende Kännchen, wo du nur ein oder zwei Schalen füllst. Dann kannst du einen zweiten und dritten Aufguss machen.

Besitzt du ein Thermometer?

Natürlich. Hab jetzt aber so einen Wasserkocher mit integriertem Thermometer geschenkt bekommen. Stimmt bloß nicht. Da bin ich auch wieder wie so ein Buchhalter. Man braucht genau 70 Grad.

Erdbeeren oder Himbeeren?

Himbeeren schon, aber bei Himbeeren musst du so viele pflücken.

Wann hast denn du das letzte Mal Himbeeren gepflückt?

Habe ich schon gepflückt.

Ach komm, das ist aber lange her.

Na ja, ich hab es schon gemacht.

Da musst du selbst lachen, ne?

Nee, nee, nee, nee, nee, nee. Die Himbeeren haben oft schon so ein bisschen Schimmel dran, wenn du sie zu spät pflückst. Also Erdbeeren.

Junger Käse oder alter Käse?

Ist doch alles Käse. Junger Käse und alter Käse? Also junger Käse heißt Quark?

Nee, junger Käse heißt Butterkäse, junger Gouda. Alter Käse kann heißen Comté, alter Gouda.

Du kennst dich also super in den Käsesorten aus. Ich nicht.

Henry, wir kennen uns ja schon ein bisschen, und ich glaube, dass es dir großen Spaß machen würde, gute Käsesorten zu entdecken.

Ich glaube das auch. Aber ich bin kein Selbst-Entdecker. Für solche Sachen brauche ich einen Anführer, der mir das zeigt, sodass ich es nachmachen kann und vielleicht noch weiter selber entdecke. Mein Freund Judy Lybke, der Galerist von Eigenart, veranstaltet regelmäßig Feste, auf denen es tolle Käseplatten gibt. Den muss ich fragen. Der ist der Spezialist für Käseplatten.

Lakritze oder Weingummi?

Lakritze ist überhaupt nichts für mich. Also dann lieber so ein Gummi, mit dem mir die Plomben rausfallen.

Okay, wir sind im Grunde schon ...

Durch? Jetzt nehme ich mal meinen Zettel hier.

Hast du dir was aufgeschrieben?

Nein.

Doch. Du hast Notizen dabei. Was hast du dir denn aufgeschrieben?

Da brauchen wir jetzt noch eine Stunde ...

Klebt da auf der Rückseite eine Blaue Mauritius?

Nein, da steht *Techniker Krankenkasse*.

Würdest du mir den Zettel mal geben?

Nein, das kannst du eh nicht lesen.

Ich kann das lesen.

Kannst du nicht. Also hier steht ... was ich gerne mache, ist Essen in der freien Natur.

Picknick heißt das.

Nein, das heißt *nicht* Picknick. So wie ein Holzfäller. Also ein Lagerfeuer machen oder eine Kochstelle. Mit einer Muurikka. Machen die in Schweden drüben. Das ist wie so eine flache Pfanne. Da kommt Pyttipanna rauf. Das sind klein geschnittene Kartoffeln, Zwiebel und ein bisschen Gemüse, Mohrrüben dazu, ebenfalls klein geschnitten. Das essen die Waldarbeiter da. Wird gefroren einfach so draufgehauen und ist auch schon vorgekocht, glaube ich. Einfach nur warm machen und ein bisschen brutzeln. Dann noch zwei Spiegeleier dazu und Rote Bete. Und das im Freien.

Aha, und wie oft machst du das?

Wenn ich in Schweden bin, einmal im Jahr. In Lappland. Es ist wirklich unglaublich erholsam da. Im Schnee, am Feuer mit Pyttipanna und dazu noch einen Kochkaffee, auf dem Feuer gemacht. Wir sind draußen und schaufeln Schnee, fahren mit Scootern rum und gehen Eisangeln. Dann wird was gefangen. Barsche. Die werden filettiert. Habe ich auch da gelernt. Also man kann schon ab und zu auch noch was lernen.

Was steht noch auf deinem super Zettel?

Nee, komm.

Steht da *Sibirien* auf der Rückseite?

Also wirklich, du bist heute ganz schlimm. Da steht zum Beispiel »Apfelmus« ... Als Kind, wenn ich aus der Schule kam, so gegen 14 Uhr, 15 Uhr, gab's im Fernsehen immer zuerst Testbild, und dann Testfilm, irgendeinen russischen Film, »Der Junge vom Sklavenschiff«

oder so was. Die habe ich eingeschaltet und mir ein Glas Apfelmus genommen. Und dann habe ich vor dem Fernseher ein ganzes Glas davon gegessen, nicht etwa nur 'ne kleine Portion. Das ist bis heute so. Bei Apfelmus kann ich nicht aufhören.

Du *musst* weitermachen.
Ich hau mir dieses Glas rein, und dann ist der Bauch geschwollen. Seit meiner Kindheit. Ich kaufe schon die kleinen Gläser! Und löffele vorm Fernseher so ein Glas leer, bis der Boden zu sehen ist. Wie bei einem Trinker, allerdings im Apfelmusbereich.

Ja. »Bereich« allein ist toll. *Herr Hübchen ist aktiv im Apfelmus-bereich. Bitte sprechen Sie ihn jetzt nicht an.*
Und das ist natürlich ungesund ohne Ende, vor allen Dingen abends um zehn.

Ich bitte dich, es gibt sicherlich 4000 Sachen, die ungesünder sind. Ich finde Apfelmus völlig in Ordnung. Gibt es denn auch eine Sache, die du gar nicht magst?
Ich war früher schon und bin auch jetzt ein unkomplizierter Esser, aber seit neuestem ess ick kein … muss hier mal ein bisschen Hoch-deutsch sprechen … also ich esse kein Schweinefleisch mehr.

Sehr gut.
Das ist nämlich eine Katastrophe, und ich bin dafür, dass das Fleisch teurer wird. Und ich bin dagegen – was ich wahrscheinlich auch wieder von irgendeinem Grünen gehört habe –, dass jeder das Recht darauf hat, jeden Tag Fleisch zu essen. Finde ich überhaupt nicht.

Nein, das wird bestimmt kein Grüner gesagt haben.
Doch, ich glaube schon. Es hieß, es sei eine Errungenschaft und Freiheit, dass jeder Fleisch essen kann.

63

Nein. Das ist völliger Blödsinn.

Fleisch soll teurer werden, dann isst man es seltener. Ein Recht darauf, satt zu werden, das hast du. Und ein Recht darauf, eine Wohnung zu haben, eine Unterkunft. Aber jeden Tag Fleisch?

Wir sind am Ende des Gespräches angelangt. Wie verabschiedest du dich aus einem Essen? Gibt es ein Dessert? Schnaps, Espresso, Kaffee?

Ich nehme abends auf keinen Fall einen Espresso.

Aber so einen Obstschnaps?

Ja, einen Obstschnaps schon mal. Oder so einen Fernet Branca. Das ist ja kein Obst, was ist das?

Kräuter.

So'n Kräuter-Ding. Mhm, gerne. Und Crème brûlée, wird immer gerne genommen.

Gut, ich danke dir für dieses Gespräch. Ich glaube, dass du jetzt gleich erst mal einkaufen gehst. Du hast Appetit bekommen.

Ja 'türlich.

Wirst du dir auch Apfelmus kaufen?

Apfelmus muss immer da sein. Aber die kleinen Gläser bitte.

Das perfekte Rührei

Für 1 Person
Zubereitungszeit 5 Min.

2 Bio-Eier (M) | Butter zum Braten | 1 EL Zwiebelwürfel (nach Belieben) |
1 EL Speckwürfel (nach Belieben) | 1 EL Schnittlauchröllchen (nach Belieben) |
1 EL Tomatenwürfel (nach Belieben)

1. Die Eier in eine Tasse oder Schale aufschlagen und mit einer Gabel
kurz verquirlen. Dabei darauf achten, dass keine komplett homogene
Masse entsteht.

2. Etwas Butter in einer Pfanne erhitzen. Die Eiermasse hineingießen
und bei mittlerer Hitze stocken lassen, dabei mit einem Holzlöffel hin-
und herschieben. Das Rührei auf keinen Fall zu fest werden lassen,
das Eiweiß muss noch zu erkennen sein. Lieber früher als später vom
Herd nehmen.

3. Nach Belieben vor den Eiern zuerst Zwiebel, Speck, oder beides,
Schnittlauch, oder alles zusammen in der Butter anbraten. Wer mag,
kann auch noch Tomaten mitbraten. Danach die Eiermasse in die
Pfanne geben und das Rührei wie in Step 1 beschrieben braten.

TIPP: Die Grundlage ist natürlich das Ei. Es muss von glücklichen
Hühnern stammen, also ein Bio-Ei sein, was sonst. Und ich kann es
nicht oft genug sagen: Das fertige Rührei soll lieber zu feucht, als zu
trocken sein. Es ist nur ein kurzer Moment in der Pfanne, der über
das Gelingen entscheidet.

Flake

Christian Lorenz, vielen besser bekannt als Flake, ist seit 1994 Keyboarder bei Rammstein, der international erfolgreichsten deutschen Band. Flake wuchs in der DDR auf, im Ostteil Berlins. Mit 15 gab's ein Klavier und von da an immer wieder neue Musikprojekte. »Tastenficker« nennt er sich, so heißt auch der Titel seiner Autobiografie. Der gelernte Werkzeugmacher, Jahrgang 1966, hat ein hervorragendes Gedächtnis – glücklicherweise auch für das Essen seines Lebens, Sie werden gleich sehen. Stichwort Büchsenschmalz und Kuh-Anus.

Als ich dich fragte, ob du mitmachst, sagtest du sofort: Wir reden über Essen? Klar, großartig.

Ich finde Essen richtig gut, es heißt ja auch: Essen ist der Sex des alten Mannes. Und eigentlich hab ich mein ganzes Leben an Ess-Punkten abgesteckt. Bei allen Rammstein-Konzerten kann ich mich ziemlich klar dran erinnern, was ich gegessen hab, aber von den Auftritten selbst weiß ich nichts mehr. Weder welche Titel wir gespielt haben noch wer da war. Aber ich weiß, was es zu essen gab.

Habt ihr Köchinnen und Köche, die euch auf Tour begleiten?

Ja, es gibt ein Team, das mit uns reist. Wir hatten mal die lustige »Rote Gourmet Fraktion«, linke Punks, die neben der Politik gekocht haben. Mit Gruselsachen auf dem Tresen und abgeschnittenen Körperteilen, die sie ins Essen steckten. Den Zitronensaft zum Fisch gab's aus einer Spritze, die auf dem Teller lag. Die waren sehr fantasiereich. Irgendwann wurden sie berühmter als wir, tauchten als Fernsehköche auf und retteten Gaststätten.

Kann man eigentlich Punk bleiben, wenn man berühmt wird?

Ja, Punk ist ja 'ne innere Einstellung.

Das heißt, man kann ruhig auch reich sein.

Ja. Auf jeden Fall.

Wenn du das so sagst – bist du denn Punk?

Ich fühle mich zum Teil innerlich als Punk, weil ich an manche Sachen punkig herangehe nach dem Motto: Ist doch irgendwie scheißegal. Mit dieser Haltung verbinde ich Punk. Wenn man nicht an Konventionen denkt und daran, was andere davon halten könnten. In meiner Kindheit gab es einen Spruch, den ich hasse: »Das macht man so. Das haben wir immer schon so gemacht, das muss so sein.« Diese Sprüche völlig zu ignorieren empfinde ich als punkig.

Als wir eben diesen Mikro-Check gemacht haben, »Eins-zwei«, um den Pegel einzustellen, hab ich dir gesagt: »Sag mal 'nen richtigen Satz. Was hattest du zum Frühstück?«, woraufhin du erwidertest, ...

… dass ich heut noch nicht gefrühstückt hab. Ich will mal probieren, wie es ist, 16 Stunden lang nichts zu essen. Ob das wirklich gesund ist. Eigentlich muss man woanders ansetzen: Ich war mal im Ayurveda-Camp in Indien, also in Sri Lanka …

Wie lange ist das her?

Ich denke mal, mindestens 20 Jahre. Die Mauer war offen, man konnte wegfahren. Ich hatte zu der Zeit eine Freundin, die sich für Yoga interessierte und mit mir da hinflog. Was für ein Schock, das war eine komplett andere Welt, das ist ja noch hinter Indien. Dort untersuchten mich ein weltlicher Arzt und ein Ayurveda-Arzt, um ein Treatment, also eine Behandlung, zusammenzustellen. Das Wichtigste daran war, nicht mehr als drei Mahlzeiten am Tag zu essen. Diese Zwischenmahlzeiten, hieß es, immer mal ein Stück Obst zwischendurch, das sei totaler Quatsch und schädlich für den Körper, denn dann bleiben die halb verdauten Sachen mit den frischen zusammen im Magen und mischen sich.

Aha ...

Der Magen muss einmal ganz leer sein, damit alles sauber ist, alles draußen ist, bevor das frische Essen kommt. Nur dann kann er sich ums frische Essen kümmern. Sonst gibt es immer einen Mischbrei aus Halbverdautem und Frischem.
Mir leuchtet das total ein.

Werden unterschiedliche Lebensmittel nicht auch unterschiedlich schnell oder langsam verdaut? Insofern müsste es doch immer etwas geben, das ein paar Stunden im Magen rumliegt, während es bei anderen Sachen recht schnell geht.
Dann würd ich warten, bis das Letzte auch weg is. Und die Sachen, die da zehn Stunden liegen, so was wie Ölsardinen, die nimmt man eben in Kauf. Ich habe gelesen, dass die richtig lange im Magen liegen. Nüsse wohl auch.

Aber die sind doch *so* gesund.
Auf dem Ayurveda-Hof gab es sie jedenfalls nicht. Wir bekamen morgens grünen Reisschleim, der sehr lecker war, mit rotem Curry. Mir hat's geschmeckt. Aber da können wir gleich zum Grundthema kommen: Es gibt eigentlich nichts, was mir nicht schmeckt.

Nichts, wovon du mal zu viel gegessen hast?
Das kenne ich wiederum nur mit alkoholischen Schnapsgetränken. Von Grappa hatte ich mal zu viel und konnte den dann nicht mehr trinken.

Bei mir war es Apfelkorn. Um Gottes willen! Aber es gibt nichts, bei dem du sagst: Nee, mag ich nicht, kann ich nicht essen?
Also mir fällt nichts ein.

Das ist selten. Also, du bist im Ostteil Berlins zur Welt gekommen und aufgewachsen, in Prenzlauer Berg, die Mauer stand noch. Hast du Geschwister?
Ja, 'nen großen Bruder. Ich versuch mal, die Frühstückssituation zu umreißen. Mein Vater hat im EAW Treptow gearbeitet, das war ein ElektroApparateWerk. Der musste kurz vor sechs aufstehen und ist um drei Viertel sieben aus dem Haus gegangen. Ich hab ihn noch gesehen, wenn er sich verabschiedet hat. Er ist früh zu uns ins Zimmer gekom-

men, »Tschüss, ich muss los«, dann war er weg. Meine Mutter, Hausfrau, blieb noch im Bett, das heißt: Ich und mein um drei Jahre älterer Bruder waren mehr oder minder auf uns gestellt. Was Vor- und Nachteile hatte. Wir konnten im Grunde tun, was wir wollten, mussten aber alles selbst machen. Die einfachste Art des Frühstücks, die wir so kannten, war Brei. Schnellgrieß, meinen Lieblingsbrei, gab's im Osten zu kaufen, der musste nur mit heißer Milch aufgegossen werden. In einer roten Pappschachtel, mit Goldmedaillen der Leipziger Messe drauf, er hatte demnach schon Messegold. Es handelte sich also um sehr hochwertiges Essen, was es nicht oft gab, deshalb war es etwas Besonderes. Wir hatten ja nicht viel Zeit morgens, weil ich natürlich so lange schlafen wollte, wie es ging, das heißt, ich bin aufgestanden, hab mir die Zähne geputzt und Milch aufgesetzt. In diesem Milchpfeiftopf hatte die angebrannte Milch mit der Haut längst einen braunen Rand in der Mitte des Topfes gebildet.

Du kannst dich wirklich sehr bildhaft erinnern.

Das hat sich tief eingegraben. Den Brei schüttete man als Pulver wie so einen Berg in den tiefen Teller und kippte die heiße Milch drauf. Wenn alles klappte, ergab das einen weichen Grieß, den man mit dem Löffel essen konnte, in dem der Löffel aber nicht stehen blieb. Es durfte auch nicht zu suppig sein. Halb fest. Das haben wir geschmückt mit Obstresten, die mein Vater gekocht hatte, damit sie nicht schlecht wurden. Wenn's Erdbeeren gab, haben wir natürlich alles davon verwertet bis zum letzten Fitzelchen. Die schon Angefaulten kochte mein Vater mit ein bisschen Zucker fürs Frühstück auf oder, um Marmelade zu machen, mit Apfelscheiben. Ich hab's mal mit Schokolade probiert, das funktioniert nicht, große Enttäuschung, da entsteht so was Bitteres. Das ist wie Chicorée essen und danach einen Pfefferminztee trinken – das wird richtig bitter. Oder ein Ei mit einem Silberlöffel essen. Da entsteht so ein komischer Mix. Gut, oder es kam einfach Zucker über den Brei. Früher empfand man Zucker ja nicht als etwas Schlechtes, das man auf keinen Fall essen sollte. Ich habe mir zu Bestzeiten zwei Esslöffel davon auf den Frühstücksbrei gestreut. Manchmal habe ich zu viel Grieß genommen und zu wenig Milch. Dann passierte Folgendes: Dieser Grieß hatte eine Konsistenz wie frischer Beton, der band sofort ab und härtete aus. Er wurde zu einer festen Masse, die man stürzen konnte wie einen Frisbee oder einen Diskus. Das war nicht mehr aufzulockern. Ich kippte in meiner Not ganz schnell neue Milch drauf, aber die zog nicht mehr ein, die schwamm auf dem Brei. Manchmal versuchte ich, so kleine Eckchen von diesem Beton abzuspalten und irgendwie noch mit der Milch zu vermischen – aber das ging nicht mehr. Das ganze Essen war verdorben.

Was für ein Aufruhr am Morgen! Erinnerst du dich an eure Pausenbrote?

Ja. Einmal hatte ich ein nicht gegessenes Pausenbrot in der Tasche vergessen. Meine Eltern waren sehr locker, wir mussten die Mappe nie vorzeigen oder so'n Quatsch. Dieses Brot nun lag die ganzen Ferien über da drin, wahrscheinlich sogar zusammen mit dem Sportzeug. Irgendwann bekamen sie das mit und sagten: »Also, wenn dir die Brote nicht schmecken, dann schmier sie dir selber.« Ich will jetzt meine Eltern nicht diskreditieren –, aber in meiner Erinnerung habe ich mir seit der ersten Klasse die Stullen selbst gemacht, weil ich mir dann das draufschmieren konnte, was ich mochte.

Und das war?

Fingerdick Wurst. Teewurst oder Leberwurst, am besten noch mit 'ner Scheibe Blutwurst obendrauf. Da mein Vater im Krieg aufgewachsen ist, war er sehr, sehr sparsam. Wenn er etwas gehasst hat oder hasst, dann ist das Verschwendung – von Lebensmitteln erst recht. Lebensmittel wegzuschmeißen kam in unserer Familie gleich nach Mord. Das ging einfach nicht. Es gab immer noch einen Weg, wie man es verwerten konnte. Wegschmeißen war nicht möglich, und mein Vater hat so auch gekocht und so das Essen zubereitet. Wenn's Wurst gab, dann musste die eine ganze Woche reichen, und dementsprechend dünn waren die Scheiben. So dünn wie mein Vater konnte man Wurst eigentlich gar nicht schneiden. Die hätt' ich mir auf die Brillengläser legen und noch durchgucken können. Mein Vater besaß dafür ein Spezialmesser.

Er wäre wahrscheinlich deutscher *und* italienischer Carpaccio-Meister geworden.

Mit Sicherheit! Er hatte also dieses Edelstahlmesser, ein schwarzes, noch von vorm Krieg, so dünn, dass es biegsam war. Man konnte die Messerspitze auf die Tischkante legen, festhalten und hinten dann den Griff so schnipsen lassen … »Bowowowowowoing« … Es war wirklich so dünn, dass es mir gleich abgebrochen ist, als ich nur mal versuchte, Butter damit zu schmieren.

Oha. Da war doch bestimmt der Teufel los. Hat er dir das verziehen? Konnte er sich ein neues besorgen?

Nee, neu besorgen ging nicht, das war ja ein ganz altes.

Ich spring biografisch mal ganz kurz vor. Du hast ja später eine Lehre zum Werkzeugmacher absolviert. Können die so etwas reparieren?

Man kann's nicht reparieren, aber wieder rund schleifen, sodass das kurze, verbliebene Stück noch nutzbar ist. Und genau das hat mein Vater als Ingenieur auch gemacht. Er nahm es mit in den Betrieb und schliff es. Das Messer benutzt er immer noch.

Du hast eine große Familie. Legst du selbst Wert darauf, dass alles aufgegessen wird und nichts in den Müll wandert? Hat sich dieses Nichts-wegschmeißen-Können auch auf dich übertragen?

Ja, aber anfangs schlug es bei mir ins Gegenteil um. Ich wollte danach erst mal ganz dick Wurst auf dem Brot haben, fingerbreit Butter auf der Stulle, also *immer* – und jetzt wundere ich mich über meine Cholesterinwerte. Richtig viel Wurst auf dem Brot war für mich das Schönste und Beste, ich habe es völlig übertrieben. Für die Familie kaufen wir aus Gesundheitsgründen keine Teewurst oder klumpige Leberwurst mehr. Da bleibt ein Besuch auf dem Schlachtfest, was ich gerne mal mache. Dort kann man in Wurst schwelgen und sich mal richtig vergiften. Aber im normalen Alltag gibt's das bei mir nicht mehr. Wenn ich allerdings mit der Band frühstücke, kommt die Wurst wieder aufs Brot, da raste ich dann völlig aus. Also du siehst: Ich hatte eher Schwierigkeiten damit, erst mal völlig gemäßigt damit umzugehen. Wegschmeißen tu ich natürlich immer noch nichts.

Ganz so selbstverständlich ist das nicht. Es gibt Leute, die bei bestimmten Sachen den Schimmel wegkratzen, aber andere Dinge lieber wegwerfen.
Mein Vater sagte: Ungenießbar ist nicht giftig. Und das wendet er sowohl auf Pilze an wie auch auf verschimmelte Marmelade. Er ist jetzt Mitte 80 und erfreut sich bester Gesundheit, und ich krieg immer Angst, wenn ich die Pilze sehe, die er isst und putzt. Die macht er uns ja auch ins Essen. Wahrscheinlich hat er aber auch weniger zu verlieren. Jedenfalls ist mein Vater wirklich der lebendige Beweis dafür, dass man mehr essen kann, als man denkt. Gut, verschimmeltes Brot ist auch nicht so meine Spezialität. Das geb ich dem Pferd. Wir haben einen Pferdehof in der Nähe, und da bring ich das hin. Das Verschimmelte mache ich ab. Wenn ich es richtig lagere, passiert es ja auch nicht. Brot schimmelt im Brotkasten oder in der Tüte. Wenn man's offen liegen lässt, wird es einfach nur hart und trocken.

Einfrieren geht auch.
Ich bin kein Freund des Einfrierens. Da kommen wir gleich auf ein ganz schlimmes Thema: Mein Vater sammelte Brot, das wir nicht gegessen hatten, die ganzen Kanten, und kochte Brotsuppe daraus.

Und das macht's dann wirklich schwierig. Das Brot wird einfach mit Wasser und Fenchelkörnern gekocht, zerrieben und zu einem Brei zermahlen. Durch die Stärke im Brot entsteht eine sämige, schleimige Konsistenz, auf der sich auch Haut bildet. Es kommt noch ein Klecks Butter drauf, kam immer drauf, auch auf den Schnellgrieß oder auf die Haferflocken. Die Brotsuppe gab es, bevor wir das normale Abendbrot essen durften. Und das war wirklich schwierig, gerade mit 13, 14, wenn man Appetit auf 'ne Wurststulle hatte. Diese Brotsuppe ist ja süß, mein Vater machte noch Rosinen rein. Es gibt Menschen, die mögen Rosinen, und es gibt Menschen, die sie nicht sehr mögen. Ich zähl zur zweiten Gruppe, und obwohl ich sie nicht so gern mag, esse ich sie natürlich trotzdem.

Rosinen sind das, was der Reggae für die Musik ist. Mag man oder mag man wirklich gar nicht.
Gibt es Essen, das du mit deinen Großeltern verbindest?
Eine Großmutter, die Mutter meines Vaters, die fünf Kinder durch den Krieg brachte, kochte sehr herzhaft. Sie kommt aus Thüringen, und die Krönung war – womit ich meine Oma immer verbinden werde – der Moment, in dem sie glücksstrahlend aus der Küche kam und sagte: »Heut gibt's was Feines. Ich hab 'nen Schweinskopf gemacht.« Auf dem Essenstisch lag dieses ganze Fettgeknäusel auf dem Teller, kaum erkennbar. Meine Oma schaute in die Runde und sagte: »Aber den Rüssel, den Rüssel krieg ich.« Den nahm sie sich und ich kriegte irgendwas vom Ohr ab und von der Backe. »Ja, Backe ist das Beste, eine zarte Backe«, und dann biss ich so ziemlich auf das Ekligste, was ich je im Mund hatte, außer dass ich mal das Arschloch einer Kuh gegessen habe, aber das ist 'ne andere Geschichte. Das ist so hart, es knackt und knirscht so eigenartig, wenn man reinbeißt. Und da dachte ich: Das also ist für meine Oma das Schönste der Gefühle, dieser Schweinskopf. Aber für mich als Kind war nicht nachvollziehbar, was daran auch nur ein bisschen gut schmecken sollte.

Die Geschichte mit dem Anus, mit dem Kuh-Anus ...

Den hab ich aus Versehen gegessen, als wir mit der Band mal einen Ausflug machten. Wenn wir auf Tournee sind, versuchen wir immer, etwas kulturell Anspruchsvolles zu machen, und so buchten wir uns in Argentinien einen Reitausflug in die Pampa.

Könnt ihr alle reiten?

Mhm. Wie Rentner halt, aber einige auch richtig gut. Ich kann aufm Pferd sitzen und mich so durch die Gegend zotteln lassen. Am Abend davor hatten wir gespielt und dadurch am nächsten Morgen nicht gefrühstückt, weil wir verkatert waren. Jetzt also fuhren wir vier Stunden mit dem Bus in die Pampa. Man sagt ja immer: »Ich fahre in die Pampa«, aber das war *wirklich* die Pampa. Wir waren irre hungrig, aber es kam ein Programmpunkt nach dem anderen. Das war ja keine Individualfahrt, bei der man sich schnell mal was zu essen holte. Zudem waren wir, wie gesagt, in der Pampa, wo es gar nichts gab, und mussten auf das Essen warten. Als es aufgetischt wurde, erklärte man uns auf Spanisch, was das war, die Dolmetscherin übersetzte es noch mal, und dann kam der erste Gang. Ein winziges Stückchen Salami, schmeckte aber gut. Es ging weiter, es kam das nächste Stückchen, irgendeine Leberwurst, und wir dachten alle: Mann, wann kommt denn endlich das Essen, es dauerte ewig und ging einfach nicht voran, und dann kam das nächste Ding. So ein Ring, eine Wurst, und das hab ich auch gegessen, noch *vor* der Übersetzung, und ich hörte, wie sie sagt: »Ja, dies hier ist jetzt der mit Leberwurst gefüllte Anus einer Kuh«, die Leberwurst ließ sich da rauslöffeln oder so. Ich habe also im Prinzip das Schälchen gleich mitgegessen. Da ich das erst im Anschluss erfahren habe, war's völlig egal. Wenn man jetzt richtig tief in sich reingeht, gibt's eigentlich fast nichts, was man nicht essen kann.

Da spricht dein Vater aus dir. Kommen wir von der Kuh zum Kuchen. Gibt es eine Torte oder einen Kuchen, mit dem man dich immer rumkriegt?

Inzwischen kriegt man mich mit allen Kuchen rum, weil ich generell süchtig danach bin. Es hat aber auch etwas mit dem Ritual zu tun. Ich gehe einfach gerne zum Bäcker, weil ich dann ein Ziel habe. Dort trinke ich einen Kaffee und esse ein Stück Kuchen. Ich esse den oft da vor Ort. Es kann aber auch nur eine Quarktasche sein oder so. Meine Oma, fällt mir ein, hat natürlich auch super Pflaumenkuchen gemacht oder Johannisbeerkuchen. Zuerst kam Hefeboden, dann der Quark, und dann kamen die Früchte. Und diese Mischung, die ist richtig gut.

Du wirkst auf mich wie jemand, der gerne kocht. Reizt es dich nicht, den Kuchen deiner Oma oder den beim Bäcker nachzubacken?

Ich hab einfach das Gefühl, dass Bäcker besser backen. Dass es gut schmeckt, weil es ein Bäckerkuchen ist.

Bestimmt. Köche werden auch besser kochen als du, und dennoch versucht man sich ja selbst an verschiedenen Gerichten.

Ohne Frage. Deswegen esse ich auch gerne in Gaststätten Dinge, die ich selber nicht kochen kann. Zum Beispiel asiatisch. So ein Curryhuhn wie beim Inder hab ich noch nie hinbekommen. Werd ich auch nie. Da fehlt mir irgendwas.

Isst du viel Fleisch?

Nee.

Würdest du sagen, du hast früher mehr Fleisch gegessen?

Na ja, ich glaube, die DDR war das Land mit dem höchsten Schweinefleisch-pro-Kopf-Verbrauch. Klar, ich habe früher eine Büchse Schmalzfleisch ausgelöffelt! Da mache ich drei Kreuze. Das ist so mit das Schlimmste, was man tun kann. Aber auch Süßes! Ich hab mir von meinem ersten Lehrlingsgeld eine Büchse gezuckerte Kondensmilch gekauft. Es war mein größter Wunsch, dass ich einmal so viel davon nehmen darf, wie ich will.

Und heute? Wenn es egal wäre, wie fettig, ungesund oder teuer es ist. Ein Lebensmittel, von dem du essen dürftest, so viel du willst. Vergiss Cholesterin, vergiss alles.
Das wäre wahrscheinlich schon Kuchen. Pflaumenkuchen, Stachelbeerkuchen, Rhabarberkuchen. Man will ja dann auch keine Sorte auslassen.

Bist du jemand, der sich in puncto Cholesterin oder Fitness selbst reguliert? Mit welchem Argument verbietest du dir, 30 Stück Rhabarberkuchen zu essen?
Mal was ganz Blödes: Ich sage mir, ich könnte es ja kaufen. Also, ich geh beim Bäcker vorbei, da liegt dann die leckere Johannisbeerschnecke, ich seh die an und sag: Die könnt ich mir jetzt kaufen, mach's aber nicht.

Und warum isst du nicht fünf oder zwei Johannisbeerschnecken am Tag?
Na, man spürt ja, ob etwas gut für einen ist oder nicht. Und ich merke: Zucker ist für mich nicht gut. Zumindest nicht in dem Maße. Ich will aber nicht dauerhaft verzichten, weil ich viel zu gerne esse. Lieber verzichte ich fünf Mal, und beim sechsten Mal esse ich es dann. Wobei sich das Verhältnis auch verschiebt. Kann mal sein, ich kauf drei und ess zwei nicht. Das ist doch auch schon gut.

Ja. Gehst du jeden Tag einkaufen?
Wenn ich zum Bäcker gehe, ist das ja nicht einkaufen. Das ist für mich wie essen.

Aber kaufst du selbst Lebensmittel ein, macht das Jenny, deine Frau, oder macht das jemand anderes aus deiner Familie?
Nee, das mach schon ich. Einmal in der Woche.

Für eine Woche einzukaufen ist nicht unbedingt einfach. Wie viele seid ihr gerade zu Hause?
Vier.

Es bedarf ja einer gewissen Planung, damit man nicht noch mal los muss, weil Butter fehlt.
So kompliziert isses nicht. Meistens kaufe ich Donnerstagabend oder Freitag ein und dann die Sachen, die wir frisch am Wochenende essen.

Sprecht ihr euch da ab?
Das entscheide ich meistens sogar erst beim Einkaufen.

Weil du es auch kochst?
Weil ich es koche oder weil ich dann sehe, was es gibt. Ich denke etwa: Mensch, hier, so grüne Bohnen hatten wir schon lange nicht mehr. Machen wir einen Bohneneintopf. Oder ich sehe Rosenkohl und denke: Rosenkohl, das ist ja so eine Wintersache …

Wie machst du denn den Rosenkohl, damit er nicht bitter wird?
Wusste gar nicht, dass der bitter werden kann.

***Kann* schon. Rosenkohl ist auch wie Reggae. Die Menschen mögen ihn sehr oder gar nicht. Meine Mutter sagte immer: Bettina, wenn du Rosenkohl kochst, gib immer ein bisschen Honig drüber. Schmeckt gut.**
Ich bin Fan des puristischen Kochens. Salz ist eigentlich das einzige Gewürz, das ich benutze. Und zwar sparsam. Meine Frau salzt nicht mal die Kartoffeln, die sagt: Wem's nicht salzig genug ist, der kann sich

ja noch was draufmachen. Es ist wirklich Gewohnheitssache. Ich mach ein bisschen Salz ins Wasser, schmeiß den Rosenkohl rein, das war's.

Benutzt du keinen Pfeffer?
Pfeffer mach ich erst aufm Teller drauf, der soll nicht mitkochen. Hab ich mal gehört. Ich glaube, der verliert dann irgendwas. Aussagen wie diese, die mir völlig nachvollziehbar erscheinen, nehm ich an, ohne sie zu hinterfragen.

Kommen wir zu Entweder-oder: Spiegel- oder Rühreier?
Gerne gespiegelt, weil ich dann alles erkennen kann, ich seh genau, wie das Ei ist. Ich mag Sachen in ihrer ganzen Form. In einer Gaststätte esse ich gerne Forelle, weil ich sehe, daran können sie nichts versaut haben. Wenn sie irgendeine Wurscht zusammenpappen oder irgend 'nen Klopshackbraten, da kann alles Mögliche drin sein. Aber bei einer Forelle, die auf dem Teller liegt – da kann ich gucken: So ist das Fleisch gebaut, da sind die Gräten. Beim Spiegelei seh ich: Da ist das Eigelb, da das Eiweiß. Da ist kein Mehl dran. Da ist keine Milch dran. Es gibt ja die verrücktesten Sachen, die die Menschen ans Ei machen.

Du siehst dann aber nicht, ob es ein gutes Ei ist. Ich hab mich neulich echt geärgert. Für einen Job wurde ich in einem teuren Hotel mit riesigem Frühstücksbüfett untergebracht. Mein Blick fiel auf den sogenannten Eiercode, die Ziffern, die Aufschluss über die Haltung der Hühner geben. Ging los mit ner 2, muss man sich mal vorstellen. Die steht für Bodenhaltung, was harmloser klingt, als es ist. 1 wäre wenigstens Freilandhaltung, 0 ist bio. Gibt's längst in jedem Discounter. Also sage ich zum Koch: Bitte nehmen Sie es mir nicht übel, aber ich bin hier in so einem Super-High-End-Hotel, und Sie bieten Ihren Gästen nicht mal Bioeier an? Ich kann zwischen zwei Sorten Lachs, vier Sorten

Schinken und vielleicht zehn Sorten Käse wählen, aber Sie haben nicht mal Qualitätseier. Und darauf er: Nö, das fragt bei uns nie jemand nach. Da dachte ich: Gut, also *das* ließe sich ändern. Bitte alle mal Druck machen an den Rezeptionen. Achtest du darauf, Bioeier zu essen? Das ist heutzutage ja sehr einfach.

Manchmal ja, manchmal nicht. Ich bin da völlig offen, wir haben im Osten 40 Jahre lang normale Eier gegessen, die haben mir auch geschmeckt.

Es geht ja gar nicht nur ums Schmecken, sondern auch darum, wie die Tiere gehalten werden.

Ja, wenn ich für mich selber einkaufe, kann ich darauf achten. Aber wenn ich irgendwo anders bin, dann ess ich einfach das, was ich kriege.

Hm. Auch auf die Gefahr hin, belehrend zu wirken, aber sobald mehr Leute etwas einfordern, kann darauf reagiert werden. Vielleicht sagt das Top-Hotel-Management: Okay, Leute, Bioeier kosten zehn Cent mehr pro Stück, bieten wir jetzt an, werden wir nicht von pleitegehen. Wir wollen die Herren Rammstein nicht als Gäste verlieren. Poff.

Bei Fleisch mach ich's auch. Gerade Huhn oder so, da will ich nicht diese eingesperrten Viecher.

Na eben, das sag ich ja.

Aber beim Ei bin ich nicht so weit gegangen.

Hast du schon mal ein Tier geschlachtet?

Ja. Enten.

Ach. Wann denn? Oder wo?

Bei Till. Der hat aufm Dorf gewohnt.

... Till Lindemann, der Sänger von Rammstein.

Wenn wir abends Appetit bekommen haben, dann haben wir uns Enten vom Hof geholt, die an Ort und Stelle geschlachtet, gerupft und in den Backofen geschoben, auf dem Kuchenblech.

Und weißt du noch, nach welchen Kriterien ihr die selektiert habt? Guck mal, die schaut sowieso schon so alt aus, oder guck mal, das ist die Schönste, die nehmen wir.

Einfach die, die wir gekriegt haben.

Wie lange dauert es, so eine Ente zu fangen?

Ehrlich gesagt, weiß ich nicht mehr hundertprozentig, ob das erlaubt war. Also, ob das *unsere* Enten waren. Zudem ist da immer auch Alkohol im Spiel gewesen.

Aha. Aber ihr habt sie immerhin gefangen und sie scheinen geschmeckt zu haben. Zurück zu Entweder-oder. Bei Pommes: Brauchst du eher Ketchup oder Mayo?

Ist alles nicht so mein Thema. Ich find's jetzt nicht schlecht, aber eigentlich esse ich keine Pommes. Für mich ist es schade um die Kartoffel. Pommes war mal eine Kartoffel, die gut schmeckte, bis sie ins heiße Fett geschmissen wurde. Ich mag dieses Frittierte nicht.

Gyros oder Pizza?

Was ist Gyros?

Hast du noch nie Gyros gegessen?

Ich weiß nicht, vielleicht aus Versehen. Ist Kebab dasselbe?

Gyros ist das klein geschnittene Schweinefleisch beim Griechen, Döner Kebab eher Schaf oder Rind. Kann man dich mit Döner zwischendurch glücklich machen, wenn du Bock hast auf Fast Food?

Ja, wenn's wirklich selten genug ist. Ich brauche mindestens ein Vierteljahr, bis der letzte abgeklungen ist. Dann schmeckt mir Döner wieder richtig gut. Früher, noch vor der Wiedervereinigung, als die Mauer halb offen war, sind wir manchmal nachts zum Döneressen nach Westberlin gefahren. Wir setzten uns in ein Auto, suchten uns einen Grenzübergang ohne Stau und fuhren in die Adalbertstraße oder in die Oranienstraße. Dort aßen wir gefühlt eine Stunde an den Dönern, die wir uns feierlich kauften. So große Portionen kannte ich nicht. Da öffneten sich Geschmacksknospen, von deren Existenz ich nichts geahnt hatte. Etwas Vergleichbares gab's im Osten nicht, nicht das Fleisch, aber auch nicht dieses Salatgemisch und die Soßen.

Was war denn ein typisch ostdeutsches Fast-Food-Gericht?

Bockwurst. Die waren ästhetisch so geil ausgereift. Dieser Teller, diese glatte Wurst, dann dieser Klecks Senf und dieses runde Brötchen. Diese Trilogie des Schreckens ist ein so schönes Bild. Wenn ich die DDR in einem Bild darstellen sollte, würde ich einfach Bockwurst, Brötchen und Senf malen.

Weißer oder grüner Spargel?

Weißer Spargel. Grüner Spargel ist für mich so neumodischer Designerquatsch, obwohl das natürlich nicht stimmt. Aber da ich mit weißem aufgewachsen bin, ist das für mich der echte.

Meine Lieblingsrubrik dreht sich um Käufe, die völlig für die Katz waren. Totaler Quatsch, überflüssige Kochsachen. Hast du oder habt ihr auch so etwas Sinnloses angeschafft?

Also, mein Vater hat mal was Sinn*volles* gekauft. Das heißt »Malina« und war 'ne Saftpresse, so 'ne Zentrifuge. Da konnte man Äpfel und Möhren mit so 'nem Stößel reinstoßen und dann bildeten sich am Rand Pellets. Wie heißt denn das: Trester? So 'n trockener Brei …

… das trockene Fruchtfleisch …

Ja, aber *ganz* trocken, das war wie Filz. Und der Saft kam unten rausgelaufen. Mein Vater hat sich die Maschine gekauft. Damit sie nicht umsonst angeschafft wurde, hat er sie jeden Abend angeschmissen, die lief bei uns quasi durch, und deshalb gab's in meiner Kindheit jeden Tag diese Malina-Möhren, die vom Fruchtfleisch und Saft getrennt und dann wieder verbunden wurden. Mein Vater ließ es erst auseinanderpressen und dann wieder zusammenrühren, dieses trockene Fruchtfleisch und den puren Saft. Und da entstand dann so 'ne Fruchtpampe.

Du hast ein gutes Gedächtnis für diese Dinge. Und es ist ja schon interessant, dass dir das Essen – wie du ganz zu Anfang sagtest – beim Erinnern hilft, oder?

Ich weiß einfach, was ich in bestimmten Momenten gegessen habe, weil ich das als Orientierungspunkt nehme. Aufs Essen freue ich mich immer. Es ist für mich auch nicht einfach Mittel zum Zweck, um zu überleben, sondern eine Sache, die manchmal – und das soll jetzt nicht so traurig klingen – das Schönste am Tag ist. Wenn ich etwas Gutes esse, dann freu ich mich darüber, und es erfüllt mich mit Glück.

Dekoriert ihr zu Hause den Tisch, wenn ihr zusammen esst, mit schönem Geschirr und Blumen?

Das Geschirr, das wir haben, find ich ja generell schön, weil es zusammengesucht ist aus verschiedenen Zeiten und verschiedenen Epochen des Lebens. Manchmal hab ich auch was auf der Straße gefunden, und wenn ich es benutze, fällt mir das natürlich gleich wieder ein. Oder wenn etwas vom Trödelmarkt kommt. Ansonsten ist es so: Alles, was auf dem Tisch steht und nicht zum Essen gehört, nervt. Das Allerschlimmste sind Kerzen. Kerzen auf dem Tisch versauen mir jedes Essen. Diese Brunches in den Cafés nach der Wende waren ein Albtraum! Da saß man so rum in dieser schlechten Luft, und immer wenn ich zur Marmelade griff, hab ich mir schlimm den Unterarm verbrannt, weil ich bei dieser Scheißkerze hängen geblieben bin. Dann brennen die schief oder sind im Glas und riechen nach Diesel oder Lampenöl. Außerdem ist es eh hell, und dann am Frühstückstisch! Kerzen sind was für abends, wenn man gemütlich – nee, selbst dann nicht. Also, diese Dinger find ich völlig sinnlos, deswegen ist ja das elektrische Licht erfunden worden, damit man nicht neben einer Kerze sitzen muss.

Gibt es eine Sache, die du von zu Hause mitnimmst, wenn ihr tourt und in Tokio oder Dänemark oder auf irgend so einem chilenischen Berg spielt? Weil man es dort vielleicht nicht bekommt, etwas wie einen Milchschäumer oder eine Hafermilch.
Ich reise mit leichtem Gepäck, aber Paul Landers, unser Gitarrist, der hat Knäckebrot dabei, weil das Burger Knäckebrot das beste Knäckebrot der Welt ist. Aus der ersten Knäckebrotfabrik Europas – oder der Welt sogar – in Burg, bei Magdeburg. »Burger Urtyp« schmeckt noch genauso wie vor 50 Jahren. Dieses Knäckebrot ist weltweit wirklich einmalig. Das hat auch nichts zu tun mit diesem Wasa-Quatsch aus Schweden und so.

Gibt euch Paul denn etwas davon ab?
Er gibt's an uns weiter, und wir lachen immer, weil er bekannt dafür ist, dieses Knäckebrot dabeizuhaben. Aber ich freu mich natürlich und nutznieße das ganz fies mit. Ich verspotte ihn und esse es dann selber.

So, wir kommen jetzt zum letzten Punkt des Essens. Die Frage nach: Käse, Espresso, Schnaps, Dessert.

Nach der Wende, ganz spät bei einer Konzerttour in Frankreich, wurden wir mal zum Essen eingeladen, worüber wir uns sehr freuten. Allerdings war die Speisekarte völlig unverständlich. Eine italienische Speisekarte auf Französisch! Es fängt ja an mit »Antipasti«, was mir sofort gefiel, denn wir waren ja auch »anti«, und dann »Antipasti« »Gegenpasti«. Dass Nudeln generell Pasta heißen, find ich auch so geil. Muscheln heißen cozze oder so, wir haben uns weggeschmissen. Aber dann gab's Crème brûlée als Nachtisch …

Lecker!

… und da hab ich gesagt: Jetzt weiß ich, was mit französischem Essen und französischer Küche gemeint ist. Crème brûlée ist für mich die Königin der Nachtische.

Das stimmt, gut gesagt. Und trinkst du zum Schluss einen Espresso? Oder kannst du dann nicht schlafen?

Beides. Ich trink einen Espresso zum Schluss, weil die anderen auch einen trinken, und kann dann nicht schlafen. Und denke: Hätt ich Idiot einfach mal gelernt, Nein zu sagen! Aber das gibt so 'nen weltmännischen Touch! Man macht Sachen mit, weil's die anderen machen. Dabei ist es völliger Quatsch, nach dem Essen Espresso zu trinken. Espresso trink ich am Vormittag, dann schmeckt er mir ja auch. Aber manchmal, da macht man halt einfach was, nur damit man nicht auffällt.

Hühnersuppe

Für 4 Personen
Zubereitungszeit 30 Min., Garzeit 2 Std., Kühlzeit 12 Std.

1 Suppenhuhn (küchenfertig) | Salz | ¼ Knolle Sellerie | 2 Möhren |
1 Stange Lauch | ½ Bund Petersilie | 250 g Buchstabennudeln | 2 Zitronen |
Pfeffer

1. Das Huhn sorgfältig unter fließendem Wasser abwaschen. In einen Suppentopf legen und mit kaltem Wasser bedecken. Aufkochen, salzen und bei kleiner Hitze ca. 2 Std. köcheln lassen. Dabei entstehenden Schaum abnehmen. Danach den Herd ausschalten und das Huhn in der Brühe über Nacht auskühlen lassen.

2. Am nächsten Tag das Huhn vorsichtig aus der Brühe nehmen, die Brühe im Topf belassen. Das Fleisch von den Knochen lösen und in mundgerechte Stücke schneiden. Knochen und Haut wegwerfen.

3. Sellerie und Möhren schälen, Lauch putzen und gründlich waschen. Das Gemüse klein schneiden. Petersilienstängel waschen. Gemüse und Petersilienstängel in die Brühe geben, aufkochen und bei mittlerer Hitze knapp weich garen. Dann das Fleisch wieder zugeben und in der Brühe erwärmen.

4. Inzwischen in einem zweiten Topf die Nudeln nach Packungsanweisung in Salzwasser garen. In ein Sieb abgießen und abtropfen lassen. Nudeln und Hühnersuppe in vier Suppenschalen anrichten. Die Zitronen halbieren und je 1 Hälfte dazu servieren. Die Suppe dann bei Tisch mit Zitronensaft und Pfeffer würzen.

TIPP: Zum Geburtstag gibt es die Hühnersuppe auch mal mit Sternchennudeln. Wenn Suppe übrig bleibt, einfach im Kühlschrank aufbewahren und am nächsten oder übernächsten Tag aufessen.

Sebastian Koch

Sebastian Koch wurde 1962 in Karlsruhe geboren, verbrachte die ersten sieben Jahre in Stuttgart und zog anschließend nach Obertürkheim. Ein waschechter Schwabe – ob sich das kulinarisch bemerkbar macht? Apropos bemerkbar: als einer der Hauptdarsteller des Oscar-prämierten Films »Das Leben der Anderen« bleibt der Schauspieler genauso im Gedächtnis wie im US-Serien-Erfolg »Homeland«. Zudem veranstaltet Koch Lesungen, die häufig von musikalischen Darbietungen begleitet werden und steht als Sprecher für Hörbücher hoch im Kurs. Sebastian und ich sind seit einigen Jahren befreundet. Somit bin ich in der wunderbaren Position, aus eigener Erfahrung bestätigen zu können, wie gut und wie leidenschaftlich gerne er kocht. Es war klar, dass er einer meiner Gesprächspartner für dieses Buch sein müsste.

Sebastian, wenn es am Ende deines Lebens eine Art Bilanz gäbe, jemand würde sagen: »Guten Tag, Herr Koch. Wir haben alle Kassenzettel gesammelt und zeigen Ihnen jetzt mal, was Sie am häufigsten gegessen haben.« Was stünde da? So was Einfaches wie Brot?

Die Zucchini stünde auf jeden Fall weit vorn.

Die Zucchini ist sympathisch. Die eckt nicht an.

Ja, die geht immer. In meinem Leben gab es immer bestimmte Phasen. Eine Zeit lang ernährte ich mich beispielsweise hauptsächlich von Rinderfilet, Nudeln und Sahnesoßen, sehr zum Nachteil meiner Gesundheit. Aber das ist jetzt überhaupt nicht mehr so. Insofern ist der kleinste gemeinsame Nenner vielleicht tatsächlich die Zucchini.

Wie bereitest du sie denn am liebsten zu?

Ich schwitze in einem Topf Olivenöl, Zwiebeln, Ingwer und Knoblauch an, dann kommen die Zucchini rein. Am Anfang muss das sehr heiß sein. Ich gebe noch ein bisschen Honig dazu, sehr lecker.

Was würdest du als das Gericht deiner Kindheit bezeichnen?

Manchmal hat meine Mutter Schweizer Rösti gemacht, mit Kalbfleisch, und Zürcher Geschnetzeltes. Schön angebraten in einer Sahnesoße, dazu gab's Feldsalat und Chicorée. Das habe ich übrigens aus meiner Kindheit übernommen: Feldsalat, also Vogerlsalat oder Ackersalat mit Chicorée, dazu Salatsoße mit Pinienkernen, das liebe ich!

Machst du dir die Mühe, die kleinen Wurzeln abzuzupfen, wenn du den Feldsalat zubereitest?

Kurz, mit dem Fingernagel, ja. Die Salatsoße bestand früher hauptsächlich aus Essig, Öl und Senf. Heute nehme ich Zitronenzesten, ein bisschen Knoblauch und Schalotten, etwas Limone und reibe dann Ingwer in die Salatsoße. Das macht es noch mal ganz spannend.

Ich bin beim Dressing nach langer Zeit mal wieder ganz puristisch bei der Zitrone gelandet, dazu Öl, Salz, Pfeffer, aus die Maus. Das überlässt dem Salat die Bühne.

Aber denk mal an die Zitronenzeste, an die Schale, wir sprechen natürlich von Biozitronen. Es darf nicht zu viel davon rein, da muss man ganz vorsichtig sein, eigentlich nur eine Ahnung. Schmeckt gerade auch in einem Salatdressing ganz toll.

Das also ist der Salat deiner Kindheit. Du bist in Stuttgart aufgewachsen. Deine Mutter ...

... war in einem Kinderheim Hauswirtschaftsleiterin. Aus einer eigenen Betroffenheit heraus – sie hatte da so eine Darmgeschichte – begann sie, sich intensiv mit gesunder Ernährung zu beschäftigen und eröffnete später ein Reformhaus. Das war eine kleine Revolution für diesen winzigen Ort, es gab die ganzen Bioläden nicht.

Reformhäuser gibt es ja noch.

Ja, damals waren die so gar nicht en vogue. Ich kann mich genau an diesen Geruch erinnern, weil ich damit groß geworden bin. Den mochte ich überhaupt nicht.

Es mutete alles so freudlos an. Die Verpackungen, die Regale.

Das steckte in den Kinderschuhen und war so ein bisschen calvinistisch, »freudlos« ist ein ziemlich guter Ausdruck. Na ja, ich wurde dann berühmt dafür, bei anderen Familien ganze Toastbrotpackungen mit Butter und Honig plattzumachen.

Wenn du Freunde besuchtest.

Das war entsetzlich. Komplett ohne Hemmungen, furchtbar.

»Mama, darf Sebastian wieder bei uns schlafen?« »Nein! Neiiin!«
Butter und so was gab's bei uns nicht. Es war zum Teil wirklich frustrierend.

Aber hat sie nicht auch für dieses Kinderheim gekocht?
Das sind zwei verschiedene Zeitabschnitte. Im Kinderheim arbeitete sie, bis ich sechs oder sieben war. Dann zogen wir nach Obertürkheim, und dort eröffnete sie ein Reformhaus.

An diese ersten Jahre kannst du dich wahrscheinlich nur schlecht erinnern, oder?
Du, es war Kinderheimessen, das in einer Großküche gekocht wurde. Sicherlich kein Gourmetessen, aber es schmeckte bestimmt auch nicht schlecht.

Wie viele Kinder gab es in diesem Heim?
Vielleicht 50.

Du hast da aber nicht gewohnt und geschlafen.
Doch, doch. Meine Mutter bewohnte dort ein eigenes Zimmer. Ich war in der privilegierten Situation, sie in der Nähe zu wissen, aber mit den anderen zusammen sein zu können. Das ist als Kind natürlich der Hammer, mit so vielen Kindern aufzuwachsen. Auch da gab's die Angst vor der Zahnfee oder vorm Zahnteufel, wenn man die Zähne mal nicht geputzt hatte.

Daran glaube ich bis heute.
Das war toll, es waren gute Jahre. Und dann kam die Zeit, in der sie das Reformhaus aufmachte, und von da an wurde ich zwangsgesund ernährt.

Da sie ja tagsüber arbeiten musste, ist deine Großmutter eingesprungen und kümmerte sich um dich. Du hast mir mal was von ihren guten Crêpes erzählt.

Ja, sie war Bäckersfrau und hat zudem hervorragend gekocht. Schwäbische Hausmannskost, aber wirklich exzellent. Handgschabte Spätzle und so, was der Schwabe eben isst.

Kannst du das auch?

Nee, meine Mutter will es mir beibringen, und ich möchte es unbedingt noch lernen. Das ist nicht so einfach. Der Teig braucht genau die richtige Konsistenz. Die schwäbische Küche ist sehr reichhaltig, ideenreich und sinnlich.

Hast du ein Lieblingsessen?

Nein, aber früher war das mein Lieblingsessen. Handgschabte Spätzle, das ist fast eine Rarität mittlerweile, schwer zu kriegen. Ach doch, Mensch, mir fällt gerade ein: Da waren auch diese Meatballs, so Kalbs… Wie heißt das?

Klößchen?

Kalbsbrät sagt man in Schwaben. Ja, Kalbsklöße mit Tomatensoße und Spätzle. Das hat meine Mutter auch immer gemacht. Wie lange habe ich da nicht mehr dran gedacht! Jetzt, da wir drüber sprechen, kommt das wieder hoch, ich hab's geliebt. Das ist wie Brät, das in den Bratwürsten auch drin ist. Mit dem Löffel werden kleine Kugeln geformt, die gibt man kurz ins heiße Wasser. Wenn sie fertig sind, kommt die Tomatensoße drauf und Spätzle dazu. Das war super.

Lass dir das und diese anderen alten Rezepte unbedingt mal beibringen, damit sie weiterleben.

Oder der schwäbische Millirahmstrudel, so ein Aprikosenrahmkuchen. Wahnsinn lecker, wirklich unglaublich. Es ist entscheidend, wie du den rührst. Da hast du vollkommen recht: Diese Rezepte muss man bewahren. Und es ist einfach schön, sie wieder im Leben zu haben.

Du wurdest in einem Frauenhaushalt groß. War es selbstverständlich, mitzuhelfen?

Klar. Wir waren zu zweit, und ich bediente ja auch im Laden, also da *musste* ich mithelfen, das ging gar nicht anders. Es ist mir jetzt aber nicht als dramatische Kinderarbeit im Kopf geblieben, sondern als selbstverständliches Mithelfen. Was ich heute immer noch mache. Wenn wir gemeinsam kochen, dann räume ich mit auf. Wenn ich allerdings Freunde zum Essen da hatte, liebe ich es, alleine aufzuräumen. Das mag ich sehr.

Und wenn deine Freunde sagen »Komm, wir machen das schnell zusammen«?

Ja, vielleicht gemeinsam die Sachen vom Tisch räumen, aber eigentlich – nee. Ich mache mir dann ein bisschen Musik an und lasse den Abend Revue passieren.

Kommt drauf an, *wie* er zu Ende geht.

Stimmt. Das *Wann* ist eigentlich egal, aber klar, entscheidend ist das *Wie*.

Wie würdest du dich als Gastgeber beschreiben?

Ich improvisiere gern. Und dennoch empfinde ich auch immer ein bisschen Stress, wenn mehrere Leute da sind. Am besten sollte natürlich alles zum selben Zeitpunkt fertig sein, das Gemüse warm, die Kartoffeln durch, die Nudeln nicht zu weich. Das Timing macht mir manchmal nach wie vor Mühe. Es gab doch mal eine Talk-Sendung, in der Leute mit Biolek gekocht haben …

Stimmt! *Alfredissimo* **hieß die.**

Genau. Dort sollte ich als Gast meine Lieblingsgerichte kochen und musste mich irre konzentrieren. Er stellte seine Fragen, und ich sagte: »Ich kann nicht reden *und* kochen«, in einer *Talk*show! Ich bin dann schon sehr fokussiert. Aber ich koche auch gern zu zweit. Und ich mag es, wenn andere noch ein bisschen mit herumschnippeln.

Genau das können viele Menschen ja gar nicht. Regelmäßig entzweien sich Paare beim gemeinsamen Kochen.

Doch, ich kann das, aber natürlich auch nicht mit jedem. Mit meiner langjährigen Freundin Antje, die drei Stockwerke über mir wohnt, macht es großen Spaß. Oder mit dem Toni. Es gibt Menschen, mit denen man sich einfach gut ergänzt. Wo man sagt: »Oh, da fehlt noch ein bisschen hiervon, schmeckst du das auch?« Und der andere sagt: »Ja, stimmt« oder »Nee«, dann muss man es erklären, vielleicht auch verteidigen, oder man findet schließlich einen gemeinsamen Weg, der oft wunderbar ist. Diese Herangehensweise mag ich sehr, weil ich nie hundertprozentig nach Rezept koche. Manchmal gibt es eine Vorlage, aber plötzlich fällt einem noch was ein, »haste das da?« oder »lass uns das doch versuchen«. So bastelt man irgendwas zusammen und landet vielleicht wo ganz anders, als es ursprünglich mal geplant war.

Angenommen, du hättest um 19 Uhr ein Essen mit ein paar Leuten. Wäre es für dich okay, erst um 18.30 Uhr mit dem Tischdecken anzufangen?

Ja. Bis es klingelt. Dann denke ich vielleicht doch kurz: »Um Gottes willen, ich bin ja viel zu entspannt.« Andererseits bin ich auch nicht der Typ, der Leute einlädt und sagt: »Um acht Uhr gibt es Essen, dann den zweiten und den dritten Gang und um 23.30 Uhr ist Schluss.« Es geht wahrscheinlich immer eine halbe Stunde später los, als gedacht, meistens schnippeln die Leute mit, und irgendwie kommt es gemeinsam zustande. Als perfekten Gastgeber kenne ich mich, glaube ich, gar nicht.

Vielleicht macht genau diese Haltung den perfekten Gastgeber aus. Gut, außer für diejenigen, die hungrig und unterzuckert kommen.

Na, denen stelle ich ein paar Cashewkerne und Datteln hin.

O ja, das ist total wichtig.

Zu diesen Kandidaten zähl ich mich ja selbst auch.

Ich gehe schon längst nicht mehr hungrig aus dem Haus. Wenn ich zum Essen eingeladen bin, snacke ich vorher *immer* irgendwas, um nicht unleidlich zu werden. Gibt es eigentlich Lebensmittel, die du mitnimmst, wenn du mal länger bei Dreharbeiten bist?

Nein. Manchmal muss ich ja für Rollen abnehmen, jetzt gerade auch, immerhin sieben, acht Kilo. Um das zu halten, muss mir jemand helfen, denn mit normalem Essen hätte ich das innerhalb kürzester Zeit wieder drauf. Das ist mühsam. Ich bitte das Catering dann, mir statt kleiner Snacks eher Gemüse zu geben, Karotten oder so.

Du weißt, woran ich denke, wenn du »Karotten« sagst, oder?

Ja, ich weiß. Ich möchte nicht darüber sprechen.

Ach komm! Ich finde es toll, wie du das durchgezogen hast.

Das war in genau so einer Phase, übrigens.

Na schau, passt doch. Wir hatten uns zum Essen verabredet, an einem Sommerabend, hier um die Ecke. Und dann kamst du mit einem ... nee, das solltest du erzählen. Und wirklich nichts daran ist lächerlich. Ich finde es eher konsequent.

Nein, ... *natürlich* ist es lächerlich. Aber weil ich dann so in meinem Programm drin bin, komme ich gar nicht auf die Idee, es könnte auf andere irgendwie komisch wirken.

Es ist auch nicht komisch gewesen. Es war ungewöhnlich.

Doch, das ist vollkommen gaga. In ein Restaurant zu kommen und dann als Mann völlig selbstverständlich eine Tupperdose mit geschnittenen Karotten, Gurken und Paprika auszupacken und auf den Tisch zu stellen. Gaga. Es fiel mir selbst erst auf, als du fast zusammengebrochen bist vor Lachen. Das ist ungefähr so, als würde man mit Jogginghosen …

… in die Oper gehen? Nein. Im ersten Moment war ich gleichermaßen verblüfft und amüsiert, ja, aber schon beim zweiten Drübernachdenken hast du wirklich meinen vollen Respekt gekriegt, ich meine – das muss man erst mal durchziehen. Es wäre für dich viel leichter gewesen zu sagen: »Ach, ich habe heute keinen Hunger. Ich trink nur was.« Und dann wärst du nach Hause gegangen und hättest dort an den Möhren geknabbert. Mir hat das imponiert. Du hast ja auch mal den »Seewolf« gespielt. Da hieß es doch bestimmt auch: Training und Diät.

Beim »Seewolf« war es wichtig, extrem viel Muskelmasse aufzubauen, mit Eiweiß, Drinks und Zeug. Das würde ich auch nicht noch mal machen. Aber interessant: So ein Muskelaufbau ist tatsächlich ein Panzer. Muskeln sind Panzer, man schützt sich. Das habe ich erst gemerkt, als ich acht Kilo zugenommen und einen richtig massiven Oberkörper hatte.

Was heißt *man schützt sich?* Beschreib mal bitte genauer.

Die Haltung ist eine andere, klar, die Arme hängen nicht mehr so gerade am Körper herunter, eher in einem kleinen Bogen. Man läuft anders, schiebt was vor sich her, und das hat eine Konsequenz. Es ist eine Art Rüstung, die ich als unangenehm empfand. Für die Rolle war das toll, aber es gehörte nicht zu mir. Ich konnte merken, dass es etwas mit einem macht; man hat eine andere Kraft. Anschließend habe ich das alles aber auch recht schnell wieder verloren.

97

**Es ist bestimmt interessant, so was mal ganz konsequent durch-
zuziehen, mit einem Sportprogramm, mit einer
Ernährungsumstellung, und diese Veränderung bei sich zu
beobachten. Eigentlich weiß man ja auch, was einem guttut.**
Ich trinke gerade nicht. Seit fast drei Monaten.

Keinen *Alkohol,* sollten wir vielleicht ergänzen.
Ja, ja, Wasser natürlich schon. Irgendwann kam so ein Moment, in
dem ich dachte: »Okay, ich will mal probieren, wie sich mein Körper
ohne Alkohol anfühlt.« Ich trinke regelmäßig und gerne, ohne mich
auch nur im Ansatz als Alkoholiker zu bezeichnen. Aber in Gesellschaft gehört es ja dann doch irgendwie dazu. Und jetzt habe ich mir
vorgenommen, ein halbes Jahr lang nichts zu trinken und dann die
Entscheidung zu treffen, ob ich damit weitermache oder nicht. Nach
drei Monaten merke ich schon, was sich alles verändert. Das ist
enorm. Wenn die Säure aus dem Körper geht, was die Gelenke
machen, die Muskulatur, der Stoffwechsel. Das passiert zwar alles recht
langsam, aber ich spüre, da ist eine Bewegung drin und etwas, was mir
unglaublich gut gefällt.

**Na, dann passt ja die erste Entweder-oder-Frage ganz hervor-
ragend: Weißwein oder Rotwein?**
Im Sommer sehr leichte Weißweine, im Winter ganz klassisch rot,
samtig und schwer. Mit viel Tannin. Das liebe ich.

**Von Wein komme ich auf griechischen Wein, hoffentlich bringe
ich da jetzt nicht was durcheinander, aber wenn es stimmt,
ist es Eins-A-Namedropping. Warst du mal mit Tom Hanks in
Griechenland essen?**
Ja.

Ja? Entschuldige bitte, aber das ist mir als Antwort natürlich viel zu mager. Als würde jeder mit Tom Hanks schon mal in Griechenland ...

Ich habe mit dem ja gedreht. Vor ein paar Jahren kaufte ich auf Paros ein Grundstück, er besitzt ein Haus in Antiparos, der vorgelagerten Insel von Paros, seit Jahrzehnten schon. Seine Frau ist griechischer Abstammung. Jedenfalls trafen wir uns in einer Pizzeria, glaube ich. Er geht sehr entspannt mit allem um. Hanks und seine Frau haben seit 2020 die griechische Staatsbürgerschaft.

Gut, gehen wir weiter durch die Rubrik. Reis oder Nudeln?

Früher immer Nudeln, heute eher Reis.

Du hast aber keinen Reiskocher.

Nee. Ich liebe das mit den Tassen. Eine Tasse Reis, zwei Tassen Wasser. So habe ich es gelernt.

Rote oder gelbe Paprika?

Beide.

Und die grüne?

Eher nicht.

Wer mag eigentlich grüne Paprika?

Die Griechen, die füllen die. Ah, auch das ist Teil meiner Kindheit: gefüllte Paprika, ein slowenisches Rezept, glaube ich, oder aus dem damaligen Jugoslawien. Wir nahmen ausschließlich grüne Paprika, mit Hackfleisch und Reis. Im Grunde genommen war das das einzige Gericht, das ich früher kochen konnte.

Vollmilch- oder dunkle Schokolade?

Vollmilch.

Apfelpfannkuchen oder Nutella-Crêpe?

Hmmm. Das ist fies. Apfel. Apfelpfannkuchen.

Wann hast du deinen letzten Apfelpfannkuchen gegessen?

Ewig her. Das ist auch etwas, was ich früher öfter gemacht habe.

So lecker. Meine Großmutter wusste genau, wie sie am besten schmecken.

Mit Apfelstückchen, ne?

Ja, und bloß nicht zu trocken. Mir gelingen die auch ganz gut, aber ihre waren exzellent.

Die machen wir mal zusammen. Das kann ich. Meine sind auch ein bisschen dicker als die Pfannkuchen.

Du sagtest ja, deine Großmutter sei Bäckersfrau gewesen. Hat sie selbst auch viel gebacken, oder war sie die Frau eines Bäckers?

Nein, nein, die hat auch selbst viel gebacken. Mein Opa, der Bäcker, ist aber relativ früh gestorben, und damit war dann auch die Bäckerei passé.

Hieß dein Opa auch Koch? Also hieß der Bäcker Koch?

Ja, der Bäcker hieß Koch. Das musstest du mitnehmen, ne? Natürlich.

Pointentechnisch war das riskant. Hätten ja auch die anderen Großeltern sein können, aber lustig ist es schon. Weiter geht's. Toast oder Schwarzbrot?

Beides natürlich. Das kann man nicht mehr trennen. Früher, vor 30 Jahren hätte ich eindeutig Toast gesagt. Aber jetzt ist das anders. Ich ernähre mich gesünder. Momentan liebe ich zum Beispiel dieses Essener Brot.

Erklär mal bitte, was das ist.

Ein Vielkorn-Brot. Sechs oder sieben Getreidearten sind da drin, Getreidekeimlinge und relativ wenig Mehl, Vollkornmehl. Ein sehr feuchtes Brot, das sich lange hält und fantastisch schmeckt. Das esse ich regelmäßig seit vier oder fünf Jahren.

Fisch oder Fleisch?

Früher viel Fleisch, im Moment ganz wenig, vielleicht einmal die Woche.

Fällt es dir schwer, weniger Fleisch zu essen?

Es ist halt eine ganz blöde Angewohnheit, die uns anerzogen wurde, auch gesellschaftlich. Eine Abart.

Das viele Fleischessen meinst du?

Ja, das ist eine ganz fiese Angewohnheit, das sollten wir uns wirklich bewusst machen. Es geht nicht darum, gar kein Fleisch mehr zu essen. Aber täglich ein-, zweimal, das ist eine Katastrophe für den Körper, für die Umwelt, für alles. Dennoch wird es praktiziert. Ich merke auch, wie schwer es mir fällt, wenn ich mal versuche, das durchzuhalten. Früher war es richtig mühsam, sich fleischlos zu ernähren. Als wäre es ein genetischer Code. Durch die ganzen vegetarischen und veganen Läden wird es aber einfacher und macht auch Spaß.

Diskutierst du darüber mit anderen Männern, die Fleischessen als Bastion der Männlichkeit empfinden? Nach dem Motto »Bleib mir weg mit deinem Zucchinigratin«.

Och, das ist glaube ich vorbei. Oder?

Das bezweifle ich. Hier in Berlin passiert viel, ich halte diese Stadt aber auch nicht für repräsentativ.

Es ist auch immer der Mann, der am Grill steht. Gestern habe ich seit langer Zeit mal wieder Fleisch gegessen, Wild. Das ist ja ein ganz pures

101

Fleisch, ohne Antibiotika, da ist fast nichts an Schadstoffen drin. Es hat einen sehr speziellen Geschmack, den ich früher nicht so mochte. Und auch, wenn ich dieses Über-Bewusstmachen albern finde, sollte man sich schon stets vergegenwärtigen, dass viele es essen, ohne darüber nachzudenken.

Ohne mich in Geschlechterstereotypen verlieren zu wollen, aber auch hier – bei den Gesprächen für »Toast Hawaii« – ist dieses Thema verschiedentlich zur Sprache gekommen, und ich habe den Eindruck, dass es Männern ungleich schwerer fällt als Frauen, sich vegetarisch oder vegan zu ernähren.

Durch Corona flog diese ganze Tönnies-Geschichte auf, die Zustände auf den Schlachthöfen. Die ganze Art, wie Fleisch hergestellt und produziert wird, mit ausgebeuteten Gastarbeitern und windigen Subunternehmern, unter schlimmsten Hygienebedingungen. Ich habe vor ein paar Jahren ein Hörbuch von Wolfgang Schorlau eingelesen, das hieß *Am zwölften Tag*. Schorlau ist ein Autor aus Süddeutschland, der sehr genau recherchiert und faktenbasierte, oft dokumentierte Krimis schreibt. Der war in so einem Fleischbetrieb und hat das minutiös recherchiert. Katastrophal. Man hört oder liest das und isst danach erst mal kein Fleisch mehr. Weil es so schrecklich ist. Eigentlich entspricht es genau dem, was jetzt über diese ganze Tönnies-Sache hochkam. Dahinter steckt eine solche Lobby! Natürlich wird das alles wieder im Sande verlaufen. Aber wir müssen uns dem einfach stellen. Die Menschen sind es gewohnt, billiges Fleisch zu kaufen. Der normale Durchschnittsdeutsche kauft so ein eingepacktes Ding da im Supermarkt und macht sich überhaupt keine Gedanken darüber. Es ist so wichtig, darüber zu sprechen.

Und die Leute für das Thema wenigstens zu sensibilisieren. Sie müssen ja nicht gleich von einem Tag zum anderen alles anders machen.

Absolut.

Was ist in deinem Tiefkühlfach?
Ja, da wird's schwierig. Da stecken ein paar Leichen drin. Ich weiß gar nicht, woran das liegt, aber es ist so. Immer wieder nehme ich mir vor, beispielsweise ein paar Kräuter einzufrieren. Ich nehme mir vor, das Gefrier-Ding in Schwung zu halten, regelmäßig zu verbrauchen, neu zu bestücken, aber es gelingt mir einfach nicht. Obwohl ich es immer wieder mit diesem Ansatz bestücke.

Okay, verstehe.
Möglicherweise liegt das auch an den Verpackungen, an diesen Schachteln, an denen man ziehen muss. Es ist dann immer unaufgeräumt. Das Tiefkühlfach per se ist ein Saustall.

Also wir reden jetzt nicht nur von diesem kleinen Fach oben im Kühlschrank.
Nein, nein, wir reden von richtigen Gefrierfächern.

Du hast diese drei Schubladen übereinander.
Genau. Aber darin herrscht nie die Art von Ordnung, die mir gefällt. Insofern ist es tatsächlich eine Grauzone. Höchstens zum Eiswürfelholen geht man da gerne ran, und der Rest ist immer schwierig.

Wenn ich koche und etwas davon einfriere, freue ich mich wie ein Schneekönig, wenn mir einfällt: Ach, ich hab ja noch Kürbiskernsuppe. Dann muss ich mir keine weiteren Gedanken machen.
Gerade neulich habe ich eingefrorene Rote-Bete-Suppe weggeschmissen, die mir eh ein bisschen suspekt war. Ursprünglich dachte ich: Natürlich, klar isst du die, weil sie so gesund ist. Aber das ist nie geschehen.

Mir gefällt die Idee, morgens etwas rauszustellen, das dann abends aufgetaut ist, mich ansonsten nicht kümmern zu müssen.
Wie gesagt, die Idee ist immer toll. Auch Spätzle kann man einfrieren. Aber das Umsetzen, im richtigen Moment dranzudenken. Wenn du etwas auftauen willst, brauchst du einen Vorlauf, du musst morgens schon die Entscheidung treffen, was du am Abend isst.

Ist es das, woran es bei dir scheitert? Weil du morgens noch keinen Appetit hast?
Ich bin in diesen Dingen sehr spontan, mir ist das schon zu viel Planung. Denn wenn ich es auftaue und dann aus irgendwelchen Gründen nicht esse, verdirbt es. Und schon wird es kompliziert.

Fallen dir Dinge ein, die du früher nicht mochtest, heute aber schon?
Ja, ganz viel. Oliven, Blattspinat, Fenchel, Ingwer. Sachen, die ich als Kind furchtbar fand. Aber vielleicht habe ich da auch den falschen Zugang bekommen. Es ist bestimmt gar nicht so unwichtig, *wie* man etwas entdeckt. Ob du es essen *musstest*. Grießbrei habe ich früher gehasst, alles daran war eklig, allein schon die Haut darauf. Auch wenn ich ihn heute immer noch nicht liebe, kann ich doch zumindest die Qualität eines guten Grießbreis erkennen.

Musstest du den früher aufessen?
Ja. Fenchel fällt mir ein. Fenchelgemüse *liebe* ich heute, früher fand ich das ganz schrecklich. Oder Sellerie, ging gar nicht. Aber wenn man ein bisschen was ausprobiert, zum Beispiel Sellerie mit ein paar Pinienkernen oder so, dann ist das schon wieder was ganz anderes.

Wie lässt du dich denn inspirieren?
Das kommt mir beim Kochen. Ich merke: »Ah, hier entsteht gerade so ein Geschmack.« Ausprobieren. Mit Nüssen zu kochen ist jetzt

beispielsweise ganz neu für mich. Also, was heißt neu, aber das mache ich gerade sehr gerne. Kleine Nussstücke können ein Gericht komplett verändern.

Lecker! Ich habe damit neulich auch erfolgreich experimentiert. Einfach Süßkartoffeln geschält, in den Ofen gepackt mit Manouri, gehackten Macadamianüssen und klein geschnittenen Datteln.
Wunderbar. Oh, ich habe noch was. Weil ich mich seit ein paar Wochen ja so ein bisschen gesünder ernähre und sehr basisch lebe: Buchweizenwaffeln mit Datteln. Du nimmst Dinkelmehl, Buchweizenmehl, ein bisschen Vanillezucker oder Vanille, Datteln, verrührst das als Teig und machst Waffeln daraus.

Was genau passiert mit den Datteln?
Klein schneiden. Dann werden die so etwas braun und brennen ein kleines bissel an. Und den Teig zum Frühstück ins Waffeleisen gießen, das lässt sich auch gut vorbereiten. Leider braucht so eine Waffel immer acht oder zehn Minuten, bis beide Seiten endlich durch sind. Manchmal mache ich mir den Teig für eine ganze Woche fertig und esse morgens eine Papaya dazu. Diese Frucht umarmt einen so von innen, das ist herrlich.

Wann hast du deiner Erinnerung nach das letzte Mal im Bett gefrühstückt?
Eine tolle Frage. Habe ich früher wahnsinnig gern gemacht, aber das ist vorbei.

Es erscheint mir heute extrem aufwendig und unpraktisch. Hinzu kommt, dass ich nach dem Aufstehen sofort im Tag bin.
Meinen ersten Tee hole ich mir manchmal ins Bett.

Stellst du ihn auf ein Tablett oder auf den Nachttisch?

Ich hab so eine Art Nachttisch. Damals habe ich mir sogar mal
eine Konstruktion überlegt mit Brettern, die man ausklappen kann.
Ich war, merke ich gerade, ein großer Bettfrühstücker.

Mit Zeitung lesen und allem Pipapo?

In der Badewanne mache ich das immer noch gerne.

Ach.

Ja, ja, aber ich habe so eine Badewanne mit Durchreiche, eine Art
Fenster zum Schlafzimmer, wo ich Sachen ablegen kann.

Und isst du dann auch, während du in der Badewanne liegst?

Ja, manchmal bereite ich mir Brote vor.

Wie rundest du ein gutes Essen am liebsten ab?

Aber bissel was Süßes und dann einen Espresso finde ich wunderbar.
Sag mal kurz, müsstest du nicht jeden Gast wenigstens einmal nach
Toast Hawaii fragen?

**Ich stelle diese Frage absichtlich nicht. Was kannst du mir denn
zu Toast Hawaii sagen?**

Ich habe den Geschmack noch im Mund. Deswegen finde ich diesen
Titel auch so toll, jeder kennt es, es klingt total vertraut. Ich fand's nie
besonders lecker und trotzdem ist es ein fester Bestandteil der Kindheit.

Garnelen oh, là, là

Für 4 Personen
Zubereitungszeit 45 Min.

Pro Person 4 Riesengarnelen (am besten fangfrisch) | 2 Knoblauchzehen |
1 Stück Ingwer (ca. 2 cm lang) | Butter zum Braten | 1 Schuss Pernod
(franz. Anislikör) | 1 Orange (am besten Navel) | 1 Bio-Zitrone

1. Die Riesengarnelen schälen, am Rücken einritzen und den Darmfaden
entfernen. Knoblauch und Ingwer schälen und in sehr kleine Würfel
schneiden.

2. Etwas Butter in einer Pfanne erhitzen und Knoblauch und Ingwer
darin anbraten. Die Garnelen drauflegen und von beiden Seiten ganz
kurz anbraten. Mit Pernod ablöschen und kurz durchziehen lassen.

3. Inzwischen die Orange dick schälen, dabei die weiße Innenhaut mit
entfernen. Die Fruchtfilets zwischen den Trennhäutchen herausschneiden
und den dabei austretenden Orangensaft auffangen. Die Orangenfilets
klein schneiden. Die Zitrone heiß abwaschen und abtrocknen.

4. Die Orangenfilets und nach Belieben etwas Orangensaft zu den
Garnelen geben. Zuletzt die Zitronenschale über die Garnelen reiben
und servieren.

TIPP: Mit Baguette zum Dippen schmecken die Garnelen sehr, sehr
lecker.

Guido Maria Kretschmer

In meinem Job treffe ich viele Leute mit spannenden Geschichten und interessanten Berufen. Der Mann, mit dem ich mich für dieses Gespräch verabredet hatte, war mir bis dato gänzlich unbekannt. Natürlich wusste ich um seine Bekanntheit und seinen Erfolg, aber persönlich waren wir uns noch nie begegnet. Guido Maria Kretschmer entwirft Mode, moderiert Fernsehsendungen, eine Zeitschrift trägt seinen Namen – and everybody says: I love you. Warum? Das kann nicht sein. Was, wenn ich der einzige Mensch auf der Welt bin, bei dem das anders ist? Okay, ich löse das mal auf. Der 1965 geborene Münsteraner kommt in meine Top Ten der lustigsten und herzlichsten Gesprächspartner, die mir hätten begegnen können. Ich habe mich augenblicklich verliebt und könnte mir vorstellen, dass es Ihnen ähnlich geht, wenn Sie es nicht längst schon sind.

Guido, es ist zehn Uhr morgens, hast du schon was im Magen?
Wenn Kaffee mit Hafermilch als Nahrung bezeichnet werden kann,
dann schon. Ich trinke erst seit ungefähr vier Wochen Kaffee, aber nur
entkoffeinierten. Seitdem habe ich das Gefühl, morgens fällt für mich
eine ganze Mahlzeit aus. Ich bin danach irgendwie so satt.

**Trinkst du Bohnenkaffee, oder kommt der aus einer Espresso-
maschine?**
Hm – … also ich hab mir noch nie selber einen gemacht. Mein Mann
Frank stellt ihn mir morgens hin.

**Du weißt es nicht? Irre. Hörst du gurgelnde Geräusche? Dann ist
es Bohnenkaffee. Oder macht es Chchchchchhhhh, dann ist es
wahrscheinlich eher Espresso.**
Wir haben zu Hause eine Kaffeemaschine, die heißt Sylvie Meis …

Pardon?
… ja, die hat mir Sylvie Meis geschenkt. Wir hatten im KaDeWe
unsere Hochzeitsliste ausliegen, weil alle Freunde sagten, jetzt hör bitte
auf mit deiner ewigen Spenderei, wir wollen dir endlich mal was
schenken. Also suchten wir uns ein paar Sachen aus. Ich hab zu Frank
gesagt: »Das können wir nicht machen, diese Kaffeemaschine ist wirklich zu teuer, die kauft doch kein Schwein«, es war mir richtig pein-
lich. Am nächsten Tag ging ich wieder hin und wollte sie selbst kaufen,
damit sie von der Liste ist, da sagte die Verkäuferin: »Nein, nein, die
ist schon weg, die hat die Sylvie gekauft.« Ich dachte mir: »Ach du
Scheiße«, und seitdem heißt die Kaffeemaschine Sylvie Meis, und die
macht's. Aber wie die's macht, weiß ich leider nicht.

Aha. Kostet 24.000 Euro und arbeitet offenbar geräuschlos.
Nein, nein, die kostet 780 Euro oder so. Aber ich fand das trotzdem
schon sehr viel für ein Hochzeitsgeschenk. Jetzt haben wir eben diese

Kaffeemaschine – obwohl ich ja nie Kaffee getrunken habe. Wobei meine Mutter mich schon als Kind dazu aufgefordert hat.

Deine Mutter wollte, dass du Kaffee trinkst?

Ja, als ich vielleicht 15 war, sagte sie auch manchmal »So, jetzt trinken wir aber mal einen Sekt« oder eine Bowle. Ich habe dann immer »Nee« gesagt. Mensch, ich hab ja schon von Pfefferminztee Herzrasen bekommen. Ich konnte noch nicht mal Mon Chéri essen, so sah's aus. Ich habe eigentlich immer nur Kakao getrunken oder stark verdünnten Tee.

Warum hat deine Mutter versucht, dich so früh für Kaffee und Sekt zu begeistern?

Ich glaube, sie fand das ganz gesellig, damals. Meine Mutter hatte leider gerade Brustkrebs, den hat sie gut überstanden, bekam aber für ein paar Monate Prozac, einen Stimmungsaufheller. Und neulich sagt sie zu mir: »Guido, geht es dir gut?«, ich sage »ja« und sie zu mir: »Guido, du musst das unbedingt nehmen, keine Angst, es ist wirklich toll.« Und ich wieder: »Mamma, nee, ich will nicht.« Und sie dann: »Jetzt reiß dich mal zusammen, so eine halbe. Ich gebe Papa morgens auch eine halbe.« Ich sag: »*Was* machst du?« Die teilen sich 'ne Glückspille. Wenn was Gutes kommt, dann teilen sie gerne.

Trinkst du denn Alkohol?

Inzwischen tue ich so, als würde ich trinken. Es gibt nichts Schlimmeres, als wenn dir Leute etwas anbieten und du immer ablehnst. Man hält dich für einen trockenen Alkoholiker, außerdem empfinden es die meisten Menschen als ungesellig. Ich kann sehr gesellig sein, auch ohne Alkohol. Mittlerweile nehme ich ein Sektglas und tu ein bisschen so, trinke aber nicht. Ich bin wie ein Asiate, ich kann das nicht gut haben, ich trinke zwei Schlucke, dann bekomme ich rote Backen und fühle mich nicht gut. Der Vorteil früher war immer, dass ich alle Leute nach Hause fahren konnte.

Ist das ein Vorteil? Ich sitze da mit dir im selben Boot, aber ich sehe eher Nachteile. Man gilt als Spaßbremse. Zudem glauben betrunkene Leute ja, sie seien wahnsinnig originell, was nicht stimmt. Du sitzt also da, bist nüchtern, denkst: »Ihr seid echt nicht witzig« und sollst die Leute dann auch noch nach Hause bringen.

Ich kann das gut ab. Ich finde es ganz schön, wenn die so breit sind und sich am nächsten Tag an nichts erinnern können, während ich noch genau Bescheid weiß. Wichtig ist nur, dass man sich um sie kümmert an diesen Abenden, weil ja manche zu gar nichts mehr in der Lage sind.

Ja, das stimmt. Autoschlüssel weg, das ist wichtig. Vergesst mal dieses überstrapazierte Wort »übergriffig«. Das ist meiner Meinung nach auch oft eine Ausrede, um sich nicht einzumischen oder Verantwortung wegzuschieben. Da kassiere ich lieber ein »Lass mich in Ruhe«.

Ja, das finde ich auch, da hast du absolut recht.

Du bist ja sehr bekannt. Sicherlich hofieren dich viele Leute auch oder fragen, ob sie dir etwas Gutes tun können. Was möchtest du denn idealerweise in einer Garderobe vorfinden oder in einem Studio?

Ruhe. Und ich hab's gerne hübsch. Ich komme aus einer Großfamilie. Bei uns war es eher rustikal … wobei, nein, nicht rustikal, aber wir waren einfach viele: Oma, Opa, fünf Kinder und die Pflegekinder noch dazu. Eine große Truppe. Mir wurde immer eine Serviette hingelegt, ich bekam ein Teelicht und meine Milch im Sektglas. Ich hatte das total vergessen, meine Schwester erinnerte mich neulich daran. Ästhetik ist mir wichtig. Ich dekoriere auch gerne Essen um, manchmal sogar im Restaurant.

Bist du jemand, der gerne Leute bekocht?

Ich hätte Koch werden können. Ohne Probleme könnte ich morgen früh ein Restaurant aufmachen! Ich weiß, wie kochen geht, und traue mich auch an kompliziertere Sachen heran. Oder backen, Soßen reduzieren, ich kann sogar Brandteig und Blätterteig. Hat mir meine Mutter alles beigebracht.

Diese Fertigkeit oder auch Freude und Leichtigkeit, mit der du davon erzählst – ich fühle mich sehr an mein Gespräch mit Barbara Schöneberger erinnert. Gastgeber sein, Zubereiten, Planen – das alles hat etwas ganz Selbstverständliches. Es fällt euch einfach leicht.

Schön gesagt, das ist so. Es macht mir Freude, wenn Menschen glücklich sind. Ich bin ein guter Glücklichmacher. Ich füttere auch gerne. Ich mag es, wenn Leute kauen und schlucken. Wenn man runterschluckt und nicht denkt: »Ich kann nicht« oder »Ich darf nicht«. Viele Designer können ganz gut kochen, habe ich zumindest gehört. Ist ja auch eine Art Kreativität.

Na, dann sollten sie mal mehr Klamotten für Leute herstellen, die gerne essen.

Das machen die meisten nicht, die fassen Menschen auch nicht gerne an. Ich kann andere sehr gut anfassen, nicht alle, aber die meisten schon.

Du hast deine Mutter, deine Familie, ins Gespräch gebracht, und deswegen würde ich sagen, wir springen jetzt mal zurück an die Anfänge. 1965 in Münster zur Welt gekommen. In Warendorf aufgewachsen, ich hab mal geguckt, das ist circa eine Dreiviertelstunde von Münster entfernt.

Genau.

Und es ist ja nicht so, dass ich diese Gespräche führe, weil ich schon alles über Essen weiß. Für mich ist es reizvoll, ganz viel Neues darüber zu erfahren. Bei Münsteraner Spezialitäten bin ich auf etwas gestoßen, das Pfefferpotthast heißt. Sagt dir das was?
Das sagt mir was, habe ich aber nie gegessen, das hat's bei uns nie gegeben. Ich glaube, das ist so was wie Töttchen, so nennen es die Westfalen.

Münsterländer Töttchen, das ist gekochtes Kalbfleisch mit Zwiebel-Senf-Soße.
Ich esse kein Fleisch mehr, aber Kalb gehört sowieso verboten. Wie können Leute nur Kinder essen, das kann ich nicht verstehen. Nein, wirklich, wenn ich »Kalbsschnitzel« schon lese … Da steht so ein kleines Mäuschen, noch so jung, das musst du erst mal umbringen – da bin ich raus.

Geht mir so bei Stubenküken, springen die einem nicht so süß auf den Schuhen rum?
Oder Lämmchen und Zicklein. Kinder gehören zu ihrer Mutter und nicht auf den Teller.

Stell uns doch mal deine Familie vor, ein bisschen hast du sie schon skizziert.
Ich habe einen schlesischen Vater und wurde groß als Kind von Flüchtlingskindern. Schlesiern schmeckt es so »janz jut, so isset bei uns jewese«. Meine Mutter ist der feinste und toleranteste Mensch, den ich in meinem ganzen Leben getroffen habe. Ein Gefühlsmensch, vollkommen frei von Vorurteilen. Isst alles, probiert alles, sie ist absolut offen und frei, freut sich über jeden, der kommt. Sie kennt kein »hate«, vielleicht weil sie mit meinem Vater sehr glücklich ist. Meine Eltern sind »Love Birds«.

Das ist viel wert.

So Hand in Hand. Sie sind wie Amseleltern, Fütterer, den Schnabel immer voll. Sie haben sehr schnell verstanden, dass wir fünf Kinder alle anders, alle unterschiedlich sind. Ich hab mir als Kind gewünscht, Einzelkind zu sein, das war mein großer Traum. Da haben sich meine Eltern überlegt, mit mir mehrmals im Jahr Einzelkindtage zu veranstalten. Meine Geschwister wussten nichts davon.

Wirklich?

Ja, ich wollte immer Eltern haben, mit denen man abends Essen geht. Und dann … wenn alle sonntagsabends im Bett waren, lag ich mit Klamotten unter der Decke und fuhr später heimlich mit meinen Eltern in irgendwelche Landrestaurants.

Gibt's nicht!

Das war einfach zauberhaft im Nachhinein, sie haben mir damit eine kleine Tür aufgemacht. Ich hab das richtig zelebriert, und wir sind abends alle ganz glücklich zurückgefahren, das weiß ich noch. Ich hab's auch nie verraten. Das kam erst vor ein oder zwei Jahren bei einer Familienfeier raus, da hat meine Schwester gefragt: »Sag mal, was habt ihr da abends immer gemacht?« Einer meiner Brüder war richtig sauer.

Kann ich mir vorstellen.

Ich konnte zu ihnen eine sehr große Nähe entwickeln, weil sie mich auch so laufen ließen. Ähnlich war es, als ich – noch ganz jung – dachte: »Ach, ich könnte auch schwul werden.« Das hatte ich meinen Eltern ganz schnell erzählt und ich weiß noch … ja, das ist ein gutes Beispiel. Als ich sagte: »Mama, ich könnte schwul werden«, da erwiderte sie: »Weißt du was, mein Schatz? Ich würde auch nicht mit einer Frau ins Bett gehen.« Dann hat sie laut gelacht, mir übers Gesicht gestrichen und gesagt: »Aber du musst später unbedingt einen roten

115

Mercedes mit weißen Ledersitzen fahren.« Sie wollte so gerne, dass ich Gynäkologe oder so was werde. Da merkte ich: Es kann einfach nichts kommen, was ihren Plan zerstört, weil sie mich im Fokus hatte. Das waren Profi-Eltern, das waren sie wirklich.

Wer bedingungslose Liebe empfängt, der kann sie bestimmt auch sehr viel leichter weitergeben. Ich meine, du bist »everybody's darling«, kommst irgendwohin, und die Leute sagen: »Der ist toll, der ist so nett.«

Ja, weil ich Menschen mag. Die beiden haben mir gezeigt, dass Diversität Sinn macht. Meine Eltern sind auch sehr christlich. Aber im besten Sinne des Wortes. Dieser Vater mit seiner Flüchtlingsgeschichte, Lagergeschichten, es gibt ganz viele Storys von ihm. Er traf auf meine Mutter, ein behütetes westfälisches Kind, die letzte von zehn. Da hatten sich zwei gefunden, die sich ihr ganzes Leben aneinander festhielten. Die mit Liebe Kinder bekamen. Sie feierten Geburtstage, Namenstage. Heute Morgen sagte sie noch: »Ach Guido, was ist das schön, dass wir dich haben.« So etwas sagen meine Eltern. Und weil sie so offen sind, war die Bude immer voll.

Nenn mir mal bitte ein typisches Essen deiner Kindheit.

Am Morgen waren das Haferflocken, heute übrigens immer noch, aber heute heißt es »Porridge«. Warm mit Zimt, gedünsteten Äpfeln, Birnen oder Kompott. Nach der Schule gab es oft so kleine Frikadellen. Wenn du die aufgeschnitten hast, war da ein kleines Perlhuhn-Ei drin, meine Mutter hielt Hühner. Dazu gab's Kohlrabi, das ist für mich die Krönung. Königsgemüse. Und am Nachmittag bekomme ich immer Hunger und brauche etwas Schlesisches oder was Schwedisches mit Hefe. Meine Mutter hatte so eine Art Putzjob bei einem schwedischen Opernsänger, der in der einzigen Villa im Dorf lebte. Da lernte sie, wie man Zuckerschnecken backt. Wenn es am Nachmittag mal keine Schnecken gab, dachte ich immer: »Was ist denn heute los?«

Wurdest du in der Küche als Kind eingebunden?

Klar, da hieß es: »Guido, mach die Kohlrabi« – oder schnell die Mehlschwitze. »Bereite den Teig schon mal vor.« Meine Mutter konnte wahnsinnig gut kochen und backen und hat mir viel beigebracht. Ungefähr 1975 bekamen wir eine Fritteuse, da wurden dann sonntags Pommes und Hähnchen reingeschmissen, alles wurde ausgebacken.

Stichwort Fritteuse. Besitzt du klassische Fehlanschaffungen für die Küche?

So Elektrogeräte … nein. Eierkocher beispielsweise sind das Sinnloseste, ein Armutszeugnis. Bei mir wären es eher einige dieser großen Aufsätze für Küchenmaschinen, die ich nie brauche. Und Plastik mag ich schon mal gar nicht. Das Einzige, was ich sehr praktisch finde, ist eine Salatschleuder. Ich mag mechanische Dinge, die mit Muskelkraft angetrieben werden.

Stimmt. Und gerade die Salatschleuder gibt einem kurz das Gefühl, man würde ein kleines Motorboot anwerfen. Das Doofe an Salatschleudern ist, dass sie schwer abzutrocknen sind.

Immer hängt zum Schluss noch der Rucola drin, das nervt mich, weil ich pingelig bin. Wir haben uns jetzt eine Eismaschine gekauft, eine italienische, ein Mega-Ding. Vorher habe ich meine Freundin Michelle Hunziker angerufen und gesagt: »Was sind die besten italienischen Eismaschinen?«

Und sie wusste das natürlich.

Die weiß das, die isst auch gerne Eis, der sieht man das nicht an, leider oder Gott sei Dank. Guido, sagte sie, du kaufst die Sowieso-Gelateria. Das habe ich dann gemacht. Eine riesige Kiste, aber: Das Ding ist toll. Das ist eine gute Investition gewesen, muss ich sagen.

Wie lange habt ihr die jetzt?

Zwei Monate. Du musst dir mal vorstellen, es ist schon so weit, dass Frank zu mir sagte, als wir letztes Mal in unser Haus nach Sylt fuhren: »Haben wir alles, die Hunde ... die Eismaschine?« Ich sagte: »Nein, Frank, ich nehme jetzt sicherlich nicht jedes Mal die Eismaschine mit, da kaufe ich lieber eine zweite.«

Eine eigene Eismaschine – was kann denn da noch kommen? Wie ist das zu toppen? Macht man das jeden Tag und nimmt ganz schnell zu? Oder wird sie am Ende doch selten benutzt, weil zu viele Teile gesäubert werden müssen?

Ich mach Lowcarb-Eis, Frozen Joghurt mit ganz wenig Zucker, nur mit Fruits, das ist so geil. Ich mach's auch für die Hunde übrigens.

Nicht wahr.

Doch. Wir besitzen Windhunde, die betteln ja so wahnsinnig, daher mache ich denen ihr eigenes Eis. Ich habe eine Hündin, die fällt fast um vor Glück. Die schließt ihre Augen, dann muss ich sie festhalten, wenn die an ihrem Eis leckt, weil sie das so toll findet.

Sprechen wir von Rindfleisch-Eis oder etwas in der Art?

Nein, Eis aus Quark und Frucht, ich sage dann immer: »Ist das nicht lecker? Ist das nicht aufregend? Eis, Eis, Mäuse, ihr habt ein schönes Leben.« Ich bequatsche die wie ein Mantra, und die lecken dann ihr Eis.

Deine Windhunde müssen zum Betteln im Grunde nur ihren Kopf auf der Tischplatte ablegen, ohne sich groß anzustrengen, weil die so riesig sind.

Das stimmt!

Ihr bräuchtet Bistrotische, um zu sagen: »Nein, nix, Kopf bleibt unten.« Bleiben wir noch mal kurz bei den Hunden. Bekommen die denn auch kein Fleisch, wenn du selbst keines isst?

Doch, die schon. Aber keine Kälbchen, Zicklein und Lämmchen. Ich passe schon auf, was ich kaufe. Wir haben die lange gebarft. Das fällt mir manchmal auch ein bisschen schwer, aber die brauchen Fleisch. Oder Fisch, das Einzige, was ich auch mal esse. Das ist nicht fair, aber bei Fisch, denke ich manchmal, geht das noch eher.

Vielleicht, weil die keine Wimpern haben. So'n Wimpernblick macht ja viel aus.

Das hast du schön gesagt. Oder weil sie nicht schreien, leider. Das wäre auch anders, wenn sie schreien würden. Nein, also Fisch und Fleisch.

… und eben Eis …

… genau. Probier das mal aus mit deinem Hund.

Wir haben in der Nähe einen ganz tollen Eismann, KiezEis. Mein Hund liebt es, daran vorbeizugehen, weil er weiß: Davor liegen die Eisleichen, von Kindern versehentlich fallen gelassene Waffeln. Wie alt warst du eigentlich, als du von zu Hause ausgezogen bist?

Ich bin ganz früh weg, mit 15 auf ein katholisches Internat. Ungefähr mit 18 ging's dann weiter nach Spanien. Alles in den Kadett gepackt, den damaligen Hund und los.

Los ging's beruflich bei dir mit dem Hippiemarkt auf Ibiza. Dort zu leben mit 18, 19, 20, das muss schön gewesen sein.

Das war toll! Ich hatte wenig Geld. Eine gute Freundin, Italienerin, auch so ein Hippiemädchen, lebte eine Finca weiter und konnte super kochen. Die hat mir sehr gute Pastarezepte, Soßen und Sugos beigebracht. Oder Reissachen, Risotto in allen Variationen – das kann ich mit links, da kannst du mich nachts wecken. Klingt nach Eigenlob, aber ich kann mich nicht erinnern, irgendwo Risotto gegessen zu haben, das so lecker schmeckt wie mein eigenes. Wer es für andere kocht, muss Gäste haben, die auf den Punkt da sind. Wenn die zu spät kommen, ist Risotto natürlich gelaufen. Frank und ich sind übrigens Sonntagsmittagesser, gerne mit Freunden, die um 14 Uhr zu uns kommen.

Frühstückt ihr dann? Oder esst ihr morgens im Bett?
Frank mag morgens immer nur Kaffee und Madeleines, die backt er aber selber, der ist nicht so ein Frühstückstyp.

Und du kannst dem süßen Duft widerstehen?
Eigentlich nicht. Aber ich will so ein ganz schmales Frettchen werden – was mir eh nicht gelingt. Mein Vater hat mal gesagt: »Guido, manche Männer sind gemacht für die Mast und manche für die Zucht. Und wir Schlesier sind leider für die Mast gemacht.« So isses. Ich kann mich bei so Mehlzeug schlecht zurückhalten.

Du hast mal in Thailand einen Kochkurs gemacht.
Überall, wo ich war, habe ich Kochkurse gemacht.

Interessant! Kannst du hier etwas davon preisgeben?
Also, man sollte natürlich immer ein gutes Öl nehmen, Ghee oder ein neutrales, ich nehme keins, das zu viel Alarm macht. Was an Gewürzen kommt, würde ich schon mal ganz leicht in das Öl geben, bevor es zu heiß wird. Einmal kurz anrösten, schmeckt gleich besser. Dann alles, was da reinkommt, gut schneiden, aber nicht das Gemüse einfach so zusammenschmeißen. Wenn ich essen gehe, denke ich oft: Ach guck, die Zucchini ist schon platt, aber die Karotten haben es noch nicht geschafft. Man muss schon auch ein bisschen wissen, was man

wie schneidet und welche Kombinationen passen. Und auf die Mischung aus süß und pikant achten. Chili nicht zu früh ins heiße Fett schmeißen. Bei Pasta sind es die Ingredienzien. Wenn du ein falsches Mehl nimmst …

Moment, sprichst du von selbst gemachter Pasta?

Ja, mein Vater hat's aus Schlesien mitgebracht, bei uns gab es immer Hühnersuppe mit selbst gemachten Nudeln. Der nimmt nur Ei und gutes Mehl. Dann rollt er den Teig dünn aus, legt ihn auf Geschirrhandtücher und schneidet alle Nudeln von Hand. Die trocknen auf der Wäscheleine.

Er schneidet sie von Hand?

Ja, das mach ich auch noch. Ich rolle den Teig aus, lege die dünnen Platten aufeinander zu Paketchen und schneide sie nach Gusto. Es gibt auch leckere gekaufte Pasta, aber besser ist einfach die selbst gemachte. Oder beim Backen. Oft schmeckt es nicht so gut, weil die Leute zu wenig rühren. Meine Schwester zum Beispiel. Die holt Butter aus dem Kühlschrank, wirft sie in den Topf, Eier, Zucker dazu und versucht dann, die Butter mit dem Mixer platt zu kriegen. Wie soll das was werden? Alles muss früh genug raus, die Temperatur sollte stimmen, und du musst rühren, rühren, rühren, schlagen, schlagen. Du machst aus jedem Rührkuchen ein Erlebnis. Beim Mehl: immer sieben, nicht einfach da reinknallen. Das sind so Kleinigkeiten. Wenn man ein bisschen aufpasst und den Dingen Raum gibt, schmeckt's besser.

Frank und du – könnt ihr gemeinsam kochen?

Ja, ja, ja. Ob Haus oder Garten – wir laufen perfekt zusammen. Eine Freundin saß mal weinend am Tisch: »Wenn ich euch sehe … das bekomme ich nie mehr im Leben. Das ist doch nicht wahr!« Also die Latte liegt hoch. Frank und ich sind schon sehr, sehr lange zusammen. Wir passen aufeinander auf und verspüren auch keine Konkurrenz untereinander. Frank ist ein freier Mensch, der ist Holländer, das darf man nicht unterschätzen.

Wunderbar.

Er hat etwas Tiefes, Freies in seinen Genen. Zudem ist er praktisch veranlagt. Die holländische Küche finde ich nicht so toll. Die können indonesische Reistafel, die aus den holländischen Kolonien, aber etwas typisch Holländisches? Die haben ein bisschen Flan, Cookies und so Zeug, aber ansonsten … Das wissen sie aber auch selbst. Die Holländer kochen die Sachen platt. Die kochen und kochen und kochen. Was er gut kann, ist eben auch asiatisch.

Gut. Wir erreichen die Rubrik »Entweder-oder«.
Kaffee oder Tee?

Seit vier Wochen Kaffee. Entkoffeinierten. Ich sage immer Decoffeinado.

Klingt auch gleich einen Tick internationaler. Wie kam es denn aber, dass du gesagt hast: »Von jetzt an will ich Kaffee trinken«?

Frank hat eines Morgens, als wir da saßen, ich mit meinem Teebeutel mit Pfefferminze, gesagt: »Guido, es ist wirklich schade, dass du nie Kaffee trinkst. Dabei riechst du ihn doch so gerne. Vielleicht würdest du ihn mit Milch mögen, das macht auch irgendwie satt.« Ich war da gerade im Diätwahn. »Wenn's ganz wild wird, könntest du dir noch einen Löffel Stevia reinknallen, dann schmeckt es süß wie ein Dessert. Und ich glaube, der Schaum wäre was für dich.« Dann hat er mir so ein Ding gemacht in dieser hübschen KPM-Tasse, ich habe den Schaum weggelöffelt und dachte: Lecker. An den etwas bitteren Geschmack gewöhnte ich mich in einer Woche. Jetzt bin ich drauf.

Rotwein oder Weißwein?

Beides nehme ich zum Kochen, aber nicht zum Trinken.

Banane oder Zitrone?

Zitrone.

Lakritze oder Weingummi? Oh, ich weiß, was du sagst, du hasst Lakritze.

Ja, ich hasse Lakritze, Lakritze macht spitz, Eis macht heiß. Lakritze isst in meiner ganzen Familie niemand. Das liegt daran, dass es früher hieß, sie werde aus Pferdeblut gemacht.

Und das geht dir nie wieder aus dem Kopf.

Nein, wir sind Pferdekinder, ich komme aus Warendorf. Alles, was hinten Schwanz hat, wird geehrt. Ich mag allein schon den Geruch von Lakritze nicht.

Walnüsse oder Erdnüsse?

Frank isst beides, als Holländer ist er eine Nussmaus, ich esse lieber Walnüsse.

Junger oder alter Käse?

Kommt auf den Käse an.

Dann sag mal, welchen Käse du magst.

Ich mag Manchego, spanischen Käse, Ziegenkäse. In dem Geschäft, in dem ich Käse kaufe, gibt's auch einen cremigen Schafskäse in so 'nem Holzding, zum Niederknien, der hat bestimmt 100 Prozent Fettanteil. Ich weiß gar nicht, was der kostet, für das Geld bekommt man wahrscheinlich eine kleine Wohnung. Sonst mag ich auch gerne alten Gouda, Old Amsterdam.

Von dem muss ich immer niesen. Wie isst du denn deinen Käse? Mit Brot und Oliven?

Ja, das esse ich zwischendurch, es deckt meinen Eiweißbedarf. Mit Schwarzbrot und Pumpernickel. Das essen die meisten ja feucht. Ich mache ein bisschen Meersalz drauf und lasse es bei 50 °C drei Stunden trocknen, dann hat man so knusprige Chips. Ich zerbreche sie auf Backpapier. Wirklich lecker, leicht salzen, ein bisschen Käse – perfekt. Man isst ja nur so kleine Stücke. Es knuspert, Spaßbrot, so viele Kalorien kann das auch nicht haben.

Pizza oder Döner?

Ich würde eher Pizza essen.

Grieche oder Italiener?

Ich liebe Griechen sehr, wenn sie gut sind; Italiener auch. Ich würde beiden die Hand reichen. Die griechische ist – als ich es noch gegessen habe – eine gute, typische Fleischküche. Es gibt auch Fisch bei den guten Gerichten oder diese Lammdinger, Souvlaki. Ich mag griechischen Salat mit Feta, großen Tomaten und Riesenzwiebeln, das haben die schon drauf. Man muss die Griechen auch unterstützen. Frank kann Griechisch, weil er als Student in Griechenland war. Ich habe griechische Freude, die hängen dir ein Leben lang am Hals, die wirst du nie wieder los. Deswegen: Mein Herz schlägt für Griechenland.

Weiß- oder Schwarzbrot?

Weiß. Hefe schön hochgegangen, wie man sich das vorstellt, Ciabatta finde ich super lecker. Mit Butter, da brauchst du sonst nichts. Als Vegetarier fehlt mir manchmal luftgetrockneter Serrano- oder Parmaschinken. Lecker, die werde ich immer in Erinnerung behalten. Wie schade. Diese Ersatzfleischdinger sind nicht meins.

Vielleicht kommt bald der perfekte Kunstschinken, vielleicht müssen wir der Sache noch ein paar Jahre geben. Mir geht's bei Spargel so, da fehlt mir der Schinken auch. Reis oder Nudeln?

Beides, wenn's gut ist. Wenn der Reis gut ist, kann ich ihn in allen Varianten essen. Von Risotto bis Milchreis, Basmati, Wildreis. Bei Nudeln mag ich nicht die Billigpasta aus der Packung. Ist nicht meins.

Nun heißt die Kategorie ja leider »Entweder-oder«, und du entscheidest dich für:

Nudeln!

Nudeln oder Kartoffeln?

Kartoffeln. Schlesien!

Helle oder dunkle Schokolade?

Wenn sie gut ist, dunkle.

Frikadelle oder Falafel?

Falafel, obwohl ich an Frikadellen schönere Erinnerungen habe. Aber Hummus ist so verbindend, quer durch alle Religionen. Ich glaube, Hummus könnte Frieden schaffen.

Guter Ansatz, sollten wir unbedingt an anderer Stelle vertiefen. Erdbeeren oder Himbeeren?

Erdbeeren, wenn sie klein sind. Himbeeren machen Alarm im Mund, die kleinen Dinger.

Joghurt oder Pudding?

Joghurt.

Was für Joghurt?

Am liebsten griechischer, 10 Prozent Fett. Mit Honig oder Früchten oder ohne alles. Das haben die Griechen schon gut raus. Gott schütze die Griechen und ihre Joghurttradition.

Da sind wir wieder bei den Griechen.

Denen sind wir alle ganz nah. Afrika und Griechenland, das sind alte Kulturen. Ich mag auch Portugiesen. Und Mexikaner. Mich kriegst du mit diesen Leuten.

Du darfst jetzt die fünf wichtigsten Lebensmittel deines Lebens aufzählen.

Mehl und Hefe. Käse. Eier sind ein Gottesgeschenk – deswegen kann ich nicht vegan werden. Ich finde jetzt ein Ei als solches nicht so lecker, aber daraus entsteht so viel. Und: Kohlrabi, davon könnte ich mich ernähren.

Bist du jemand, der Essen als Trost und Belohnung ansieht, wenn es mal nicht so gut läuft?

Ich kann beides, ich kann mich gut belohnen. Ich kau gerne und schluck runter, sag ich immer. Essen ist lecker und gesellig. Mir schmeckt es aber auch alleine gut. Wenn ich traurig bin, kann ich genauso essen wie in glücklichen Momenten. Ich kann nur nicht essen, wenn ich arbeite. Während der Arbeit esse ich nicht sehr gerne. Du kennst das auch, vor der Kamera – voller Bauch – ist nicht meins. Ich esse immer zur falschen Zeit, abends. Wenn alles vorbei ist, im Hotel. Das ist genau der Fehler, wie man sieht. Aber so erhole ich mich nach einem Drehtag.

Ist ja auch so. Essen legt sich wie Wundsalbe um die Seele. Kennst du dich mit Diäten aus?

Ja, ich bin wie alle Mädchen. Und ich glaube fest daran, dass der Speckgehalt der Menschen gleich bleibt auf der Welt. Er wird nur anders verteilt. Also wenn einer fünf Kilo runter hat, treffe ich morgen einen, der fünf Kilo drauf hat. Ich würde es mir wünschen, ein ganz schmales Frettchen zu sein. Aber heute wird man draußen mit viel mehr Essen konfrontiert als früher.

Aber wärst du denn überhaupt dieser ganz dünne Typ?
Das ist mein Traum, mein Traum!

Machst du Sport?
Ja, ich schwimme, das ist das Schönste. Ich mag Wasser, das ist so clean, man schwimmt durch die Weltgeschichte. Frank ist ein mega Schwimmer, breites Kreuz, Jugendmeister, hessischer Schwimmmeister. Ich bin eher ein klassischer Schwimmer. Und wenn das Sport ist: Gartenarbeit, da kann ich mich wahnsinnig auslassen. Manchmal rufen die Nachbarn schon: »Guido, hör auf, es reicht.«

»... mach die Scheinwerfer aus, es ist drei Uhr nachts, wir wollen schlafen. Guido, hör auf, Guido, bitte ...«
Jetzt geht es um die Frage: Wie beendest du ein Essen?
Wählst du als Kaffeeanfänger entkoffeinierten Espresso,
bist du schon so weit? Dessert, Käse?
Ich nehme immer Dessert. Ich denke: »Ach komm, heute nehme ich es noch mal«, und ich esse es immer auf. Käse könnte ich danach auch noch ein Stückchen essen. So ist es eher.

So, abschließend möchte ich dich bitten, deine Eltern zu fragen, ob sie noch ein weiteres Kind aufnehmen könnten. Zu eurer Familie zu gehören scheint mir eine große Freude zu sein.
Sehr gerne. Du müsstest einfach mal zum Essen zu mir kommen. Dann koche ich dir was Hübsches.

Lachs-Confit mit Selleriepüree und Rote-Bete-Chips

Für 4 Personen
Zubereitungszeit 45 Min.

Für das Lachs-Confit:
4 Lachsfilets | 500 ml Olivenöl

Für das Selleriepüree:
1 Knolle Sellerie | 1 Zwiebel | 250 g Sahne | 100 ml Milch | Salz | 4 Butterflocken |
100 ml Weißwein | 1 TL brauner Zucker

Für das Rucolapüree:
1 Bund Rucola | Salz | 20 g Butter

Außerdem:
grobes schwarzes Hawaii-Meersalz | Rote-Bete-Chips (Fertigprodukt)
zum Servieren | Lachskaviar zum Servieren

1. Für das Confit den Backofen auf 50° vorheizen. Die Lachsfilets kalt abbrausen und trocken tupfen. Das Olivenöl leicht erwärmen, jedoch nicht heiß werden lassen. In eine passende Auflaufform gießen und die Filets ins Öl legen. Im Ofen (Mitte) abgedeckt ca. 40 Min. ziehen lassen. Dabei die Temperatur nicht erhöhen, da das Eiweiß sonst stockt.

2. Für das Selleriepüree inzwischen Sellerie und Zwiebel schälen und klein würfeln. Sahne und Milch in einem Topf vermischen. Sellerie- und Zwiebelwürfel zugeben, aufkochen und ca. 30 Min. köcheln lassen. Das Gemüse dann durch ein Sieb abgießen und die Kochflüssigkeit in einem Topf auffangen.

3. Das Gemüse pürieren und mit Salz abschmecken. Die Butterflocken unterheben. Eventuell esslöffelweise noch Kochflüssigkeit einrühren, bis die gewünschte Cremigkeit erreicht ist. Die restliche Kochflüssigkeit mit Weißwein und Zucker aufkochen. Danach im Mixer oder mit einem Pürierstab aufschäumen.

4. Für das Rucolapüree den Rucola waschen und trocken schütteln. In kochendem Salzwasser blanchieren, eiskalt abschrecken und abtropfen lassen. Die Butter in einer Pfanne schmelzen und den Rucola darin erhitzen. Danach fein pürieren.

5. Das Selleriepüree auf vier Teller verteilen und je 1 Lachsfilet darauf anrichten. Mit Hawaii-Meersalz bestreuen, mit Rote-Bete-Chips und Lachskaviar dekorieren. Jeweils etwas aufgeschäumte Soße und einige Tropfen Rucolapüree danebengeben und verziehen.

Sandra Maischberger

Da denkt man immer, die Menschen dort im Fernsehen seien perfekt, und dann das: Im richtigen Leben kämpft die Moderatorin, Journalistin und Produzentin Sandra Maischberger mit Motten in ihrer Speisekammer! Nicht aus Nachlässigkeit natürlich. Trotz ihrer politischen Talkshow und allerlei anderen Projekten nimmt sie sich gerne die Zeit fürs Kochen, Zubereiten und Einladen. Und dann ist da ja noch Jan, ihr Mann, gebürtiger Tscheche, dessen kulinarische Tricks diesem Lebensbund durchaus zuträglich waren und sind. Ach ja, und nicht zu vergessen ist der La-Dolce-Vita-Einfluss, schließlich hat Sandra schon als Kind viel Zeit in Italien verbracht. Zum Einstieg aber erst mal die Geschichte unseres Kennenlernens.

**Sandra, mir fiel vorhin ein, dass wir uns übers Essen kennen-
gelernt haben. Es liegt bestimmt schon 25 Jahre zurück.
Wir wohnten damals beide in Hamburg, arbeiteten als Fernseh-
moderatorinnen und kannten einander flüchtig. Unser gemein-
samer Freund Jochen nahm mich mit zur dir zu einem Essen,
du wohntest etwas weiter außerhalb.**
Ja, in Poppenbüttel, in Hamburg, in einem lustigen Einfamilienhaus.
Und wir haben dann miteinander in meiner Küche das Essen zubereitet?

**Nein, das war schon fertig. Giovanni di Lorenzo, mit dem du
befreundet bist, war einer der Gäste. Es gab diese Maronensuppe.**
Ah, die Maronensuppe! Und was dazu?

**Weiß ich nicht. Ich erinnere mich an nichts mehr, außer daran,
dass ich dachte: »Wow, sie kann echt gut kochen.«**
Die Maronensuppe ist tatsächlich ein Klassiker in meiner Küche.

»In meiner Küche«?
Ja, *in meiner Küche*, weil ich ja ein paarmal umgezogen bin und die
Maronensuppe ist immer mitgezogen. Der erste, der mich auf eine
Maronensuppe eingeladen hatte, war der Redaktionsleiter einer
Jugendsendung, die ich moderiert habe. Ein Choleriker, der durch
diese Verbindung zur Regie, diesen Stöpsel, immer in mein Ohr schrie.
Er sagte Sachen wie »Nimm das Arschloch sofort vom Sender« und
schrie so laut, dass der Interviewpartner neben mir das auch hörte.
Aber er kochte eine tolle Maronensuppe und gab mir das Rezept.

**Es gibt sie eingeschweißt zu kaufen. Sie liegen bei mir in der
Schublade, die halten ewig. Hoffe ich.**
Genau, die nehme ich. Ich habe gerade neue Maronen in meiner frisch
von Motten befreiten Speisekammer deponiert.

Hier sind schon mal zwei Sachen, die wichtig sind. Wie kommen sie rein? Und: Wie hast du sie rausbekommen?

Ich kriege sie seit etwa zwei, drei Jahren nicht raus. Dachgeschosswohnung, immer ein bisschen zu warm. Ich habe die Kammer im Sommer, als ich in den Urlaub fuhr, wieder komplett ausgeräumt. Dann versuchte ich es mit Schlupfwespen, die Motten verschwanden, und ich räumte meine Sachen wieder ein. Es dauerte genau zwei Tage, und sie waren wieder da.

Verrückt.

Ja, ich glaube, die kommen von draußen, und ich kann gar nichts machen.

Inzwischen sind Schlupfwespen als Gegenmittel ja recht bekannt. Und doch bleibt der Gedanke, da kommen jetzt neue Insekten, die die alten Insekten bekriegen. Aber offenbar nimmt man sie gar nicht wahr, diese Schlupfwespen.

Ich habe sie nicht wahrgenommen, weil sie vielleicht gar nicht da waren, sonst wäre ich die blöden Motten ja los. Also falls jemand einen Tipp hat gegen Motten in einer Speisekammer, ich verzweifle langsam.

Wie sieht's denn in deiner Speisekammer aus? Stehen da ganz viele Gläser?

Ja. Das liegt an meiner Schwiegermutter. Sie kommt aus Prag und besitzt dort einen kleinen Schrebergarten, dem sie aber immer eine Jahresmenge abtrotzt, wie bei einer industriellen Produktion. Eingelegte Obstsorten, Letscho, also so ein Tomaten-Paprika-Gemisch, natürlich jede Menge Marmeladen, alles, was dieser Garten so hergibt. Allein dafür müssen wir uns ein Auto mieten, wenn wir aus Prag kommen. Der Kofferraum ist jedes Mal voll.

Wie toll.

Es ist wirklich richtig toll. Zum Beispiel der geriebene Apfel, der dann auch in den Strudel kommt. Mein Mann Jan, der macht Apfelstrudel à la Czech.

Mit dem Rezept seiner Mutter.

Sowieso. Ich meine, er hat mich ohnehin mit Obstknödeln rumgekriegt.

Das ist nicht die schlechteste Taktik, würde ich sagen. Früher haben sich Männer Frauen einfach über die Schulter geworfen, »mitkommen«, aber eigentlich wäre es mit Obstknödeln immer schon viel leichter gewesen.

Obstknödel mit zerlaufener Butter, jede Menge Puderzucker und Zimt.

Wie oft macht Jan das?

Immer mal wieder. Wir haben die Tradition, Freunde in ein Haus in den Bergen einzuladen. Weihnachten, Silvester unter anderem, und dazu gehört dann auch der Knödelabend.

Wenn »sehr gut kochen« bei zehn Punkten liegt und »nicht gut« bei null. Wie würdest du dich, wie würdest du ihn bewerten?

Er ist eine Zehn. Jan kann etwas, was ich nicht kann: komponieren. Er geht in den Supermarkt oder auf den Markt, kauft verschiedene Sachen ein, haut die zusammen, und es ist ein Gedicht. Vor ein paar Tagen zum Beispiel hat er Nudeln gemacht. In der Speisekammer ist eine Dose Thunfisch aufgetaucht, dazu nahm er Kapern und noch irgendwas. Wahnsinnig lecker. Und er kocht mit Aubergine und rosarotem Pfeffer, darauf komme ich erst mal gar nicht. Meine Art zu kochen entspricht eher »Malen nach Zahlen«. Ohne Kochbuch bin ich nichts. Ich muss jede einzelne Gramm-Menge abmessen.

Jetzt aber nicht kokettieren.

Nein, ohne Scheiß. Es ist so. Auch die Maronensuppe. Die beherrsche ich jetzt, weil ich sie einfach auch häufig gemacht habe. Aber ich muss immer noch gucken, wie viel ich von was eigentlich wann wie hinzufüge. Das ist so. Ich kann mir Rezepte nicht merken. Außer bei Lasagne, die kann ich, aber sonst brauche ich ein Kochbuch, und deswegen bin ich vielleicht bei fünf.

Ich wurde schon das ein oder andere Mal bei dir und euch zum Essen eingeladen und treffe dort stets auf mehrere Leute. Es ist nie ein Zweier- oder Dreier-Essen, sondern da sitzen dann acht bis zehn Leute, und du wirkst dabei sehr entspannt. Woran liegt das?

Das liegt daran, dass ich es hoffentlich geschafft habe, unter die Dusche zu gehen, bevor ihr als Gäste kommt. Die Nervosität kam davor. Nein, ich *bin* eigentlich auch entspannt. Wenn ich für mehrere koche, bin ich in der Küche gerne auch mal alleine. Beim Skifahren ist es ganz anders, da müssen bitte alle zusammen kochen, das ist ja auch der Spaß dabei.

Könnt ihr zusammen kochen, Jan und du?

Ja, doch.

Das ist nicht selbstverständlich.

Nee, wir haben mal einen Film über den Journalisten Erich Böhme gemacht, der uns in seine Flitterwochen mitnahm. Da haben sie zu zweit gekocht, er und seine damalige Angetraute. Wir waren sicher, dass die sich am selben Abend noch scheiden lassen würden. Das war wirklich schwierig.

Jemand, der kocht und genau weiß, was er wann wie machen will, empfindet es unter Umständen als schwierig, wenn eine andere Person daneben steht und sagt: »Geh mal bitte kurz zur Seite, ich

muss die Radieschen hier abtupfen.« Man denkt: »Herrje, such dir deine eigene Ecke!«
Das liegt übrigens an der Größe der Küche. Unsere Hamburger Küche, die war recht klein, da hat man sich schon wirklich ziemlich …

Aber da war die Liebe auch noch sehr frisch.
Genau, da konnte man … Bist du gemein!

Nein, …jetzt ist sie reif, die Liebe, wie ein großer, fester Baum.
Wie ein Wein. Die werden ja auch immer besser und so, bevor sie kippen. Nee, doch, es geht. Die Küche ist ausreichend groß. In dem Berghaus – das war quasi der Traum –, da gibt es eine Kochinsel. Dort kann man wirklich mit allen stehen. Die, die mithelfen, und die, die trinken.

Oh. Wie im »Last Christmas«-Video müssen wir uns das wahrscheinlich vorstellen.
Nein, nein, nein, nein, nein, nein. Entschuldige, die Typen haben schreckliche Frisuren, die Frauen sind schlimm geschminkt, und alle kichern total haltlos.

Sie sind unbeschwert und außerdem ist es retro. Dein Sohn kommt bald in das Alter, in dem er mit genau solchen Klamotten auftaucht. Ich möchte dich nur schon mal darauf vorbereiten.
Mein Sohn hat gerade Rick Astley entdeckt.

Na bitte, da sind wir doch schon!
Aber nur aus dem Grund, weil das irgendwie gerade …

[singt] Never gonna give you up …
Genau! Aber der kann auch schon kochen. Mein Sohn.

Hast du ihm das beigebracht?

Nein! Sein Vater. Ist das nicht toll?

Doch, ganz im Ernst. Und macht er die Küche anschließend auch sauber?

Beide nicht. Das ist so lustig. Ich weiß wirklich nicht, wie Männer das immer wieder hinkriegen. Man könnte doch darauf achten, dass anschließend nicht alle Wände voll sind mit Teig. Andererseits ist es auch nicht so schlimm. Schau, ich esse sehr gerne. Aber mir geht es dabei gar nicht so sehr nur darum, dass es gut schmeckt. In erster Linie ist es für mich etwas Gesellschaftliches, dieses Zusammensein. Was ich in der Pandemie so vermisste, war der lange Tisch, Italian Style: Große, weiße Tischdecke und da sitzen Gäste. Das ist es für mich. Wir sind auch mit der Familie früher gerne essen gegangen, einfach als Gemeinschaftserlebnis. Deswegen lade ich abends gerne Leute zum Essen ein. Wenn die dann weg sind, empfinde ich es als Ritual, die Küche aufzuräumen. Meine guten Freunde wissen das, ich schmeiße immer alle raus, und Fragen wie: »Können wir dir nicht irgendwie …« gehen völlig ins Leere, denn das ist mein meditativer Moment. Da räum ich den Tag auf, meine Gedanken und auch das, was beim Essen besprochen wurde. Quasi nebenbei bringe ich die Küche in Ordnung, das ist völlig okay, und deswegen ist mir das mit den Jungs und dem Teig an den Wänden nicht so wichtig.

Achtest du als Gastgeberin darauf, keinen Schwips zu haben? Wer einen sitzen hat, dem rutschen die Gedanken durcheinander, der wird müde, dem wird vielleicht auch schlecht. Aber du bist beim Aufräumen nach so einem Abend klar?

Ich bilde mir ein, nie beschwipst zu sein, aber das ist natürlich falsch. Sagt mein Sohn.

Folgende Situation: Du bist Gastgeberin, am Tisch sitzen, sagen wir mal, zehn Leute, und darunter ist eine Person, die sich gerade abschießt. Ob nun aus Freude oder weil sie den Blues hat, aber sie redet und redet und trinkt und trinkt. Jetzt wird es schon ein bisschen lauter, möglicherweise greift die Person jemanden verbal an. Würdest du da soft eingreifen, aus Angst, dass es kippt?

Ja, ich würde wahrscheinlich zur Moderatorin werden in diesem Moment. Wenn ich merke, dass ein Gast ein bisschen vom Thema abschweift oder zu viel Platz einnimmt, dann lenke ich gerne auf die anderen ab. Ich nähme also erst mal den Scheinwerfer von dieser Person weg. Natürlich kommt es immer mal zu solchen Situationen. Allerdings muss ich sagen, dass wir die Art von Menschen, die dann so völlig aus der Rolle fallen, gar nicht zu Gast haben. Woran das liegt, weiß ich nicht, aber so richtig, richtig, richtig rausgefallen ist bisher noch niemand. Aber mir fällt gerade dieser eine Abend ein, dieses Fest. Wir wohnen ja in einer Dachgeschosswohnung, drei Zimmer und ein Balkon nach vorne raus und einer nach hinten. Plötzlich fehlt die Freundin eines Freundes. Die hieß Frauke. Wir alle suchten sie, ganz hektisch. Und dann, wirklich nur aus einem Impuls heraus, wuchtete ich mich über diese Brüstung und blickte runter auf den Gehsteig. Und da lag Frauke.

Was?

Fünf Etagen tiefer.

Was???

Ich schrie »Frauke!« und wurde wirklich schlagartig nüchtern. Wir alle. Wir sind runter und dachten, sie sei vom Dach gefallen. Als wir rauskommen, sagt sie nur: »Wwwas is?« Sie war so betrunken, dass sie irgendwann runterging und sich da auf die Straße legte. Ich habe wirklich gedacht: »Scheiße, die ist vom Dach gefallen.«

Eine wunderbare Filmszene. Das ist nicht zu fassen.

Es war grauenhaft, wirklich grauenhaft. Ich habe schon überlegt, ob ich ein höheres Geländer anbringen sollte. Ist ein paar Jahre her.

Gut. Deine Vorratskammer. Wir sind irgendwie vom Weg abgekommen.

Speisekammer.

Aha, verstehe, du legst Wert darauf, dass es nicht *Vorratskammer* heißt.

Gibt es einen Unterschied?

Offenbar. Du hast mich ja korrigiert.

Wir haben zwei Seelen in unserer Wohnung: die meines Mannes und meine. Ich bin dafür, sich nicht zu bevorraten. Auch wegen der Motten übrigens.

Du siehst ja – es bringt nichts.

Genau. Dank Corona wollte mein Mann das Backen entdecken. Plötzlich besaßen wir sehr viele Packungen Mehl. Falls du dich gefragt haben solltest, wo denn das ganze Mehl aus deinem Supermarkt war – es lag bei uns. Ich kann das nicht. Ich will mich gar nicht so sehr bevorraten. Ja, da stehen sehr, sehr viele Marmeladen. Ansonsten möchte ich Speisen haben, die ich gezielt herausnehme. Ich versuche immer zu gucken, wie viel wir dahaben, und wenn etwas leer ist, kaufe ich es nach. Genau, ich habe keine Vorratskammer. Es ist eine Speisekammer.

Ich möchte mit dir über das Essen deiner Kindheit sprechen. Du bist Münchnerin und dort ganz in der Nähe aufgewachsen.

In Garching bei München. Bis ich zweieinhalb war und dann wieder ab acht. Die fünf Jahre dazwischen lebte ich in Italien, in der Nähe von Rom.

Woran kannst du dich aus dieser Zeit erinnern, bezogen aufs Essen? Du hast ja einen Bruder, mit dem du dich früher sehr oft gestritten hast.
Damals, ja.

Auch übers Essen?
Nein, übers Essen überhaupt nicht. Meine Mutter, muss man einfach fairerweise sagen, interessierte sich nie wirklich fürs Kochen, hat es aber stoisch, mit großem Fleiß und eigentlich dann auch wirklich mit Leidenschaft gemacht. Und es war so, dass mein Vater nach dem Essen tatsächlich Sachen sagte wie »Gott sei Dank, es ist vorbei«.

Das kann doch nicht sein.
Oder wenn er sie loben wollte, sagte er: »Hm, interessant.«

Wirklich?
Sie fand das nicht so schlimm. Meine Mutter war experimentierfreudig, die hatte damals diese Sammelblättchen zum Kochen. Und sie probierte wirklich viel aus. Meistens schmeckte es sehr gut, glaube ich jedenfalls, und manchmal wohl auch nicht. Anyway.

Was war denn das Schlimmste, an das du dich erinnerst?
Ich war ja, wie gesagt, mit allem zufrieden.

Wie man dich kennt. Anspruchslos, flexibel …
Beim Essen ist es wirklich so. Es gibt fast nichts, was ich nicht mag. Ich habe als Kind sowieso ganz wenig gegessen. Wenn ich an Italien denke, erinnere ich mich natürlich vor allem an frischen Fisch. Unser Zelt stand auf einem Campingplatz direkt am Meer, so verbrachten wir immer den Sommer. Da gab es eine kleine Bude mit frischem Fisch, das war sensationell. Oder Fritto Misto mit viel Zitrone drauf. Oder Flunder, in der Pfanne gebraten, das war fantastisch. Als wir

dann in Italien lebten, hatten wir eine Nachbarin, die wirklich besser kochte als meine Mutter. Ihre Tochter war meine beste Freundin, so konnte ich dort auch immer wieder essen. Die Frau nahm zum Beispiel ein Kalbsschnitzel, schlug es ganz dünn, würzte es irgendwie und legte es einfach nur in Olivenöl. Da hat der Gaumen richtig gesprüht vor Freude.

Das war so ein Kindheitsessen.
Genau. Zurück in Garching habe ich mich mittags im Wesentlichen von Nutella ernährt, weil meine Mutter immer später nach Hause gekommen ist, da hatte ich schon längst Hunger. Wenn sie dann fragte: »Und? Worauf hast du Lust?«, sagte ich oft: »Ich bin eigentlich gar nicht mehr hungrig.«

Habt ihr abends zusammen gegessen?
Meistens. Meine Mutter machte Aufläufe, Fleisch, alles Mögliche. Aber ich erinnere mich nicht daran, ein Leibgericht gehabt zu haben.

Es hängt dann doch immer wieder an der Mutter, oder?
Mein Vater konnte *gar nicht* kochen. In unserer Familie, jetzt mit meinem Mann, ist es anders, aber mein Vater konnte Spaghetti aglio e olio, das war es. Und als ich selbstständig wurde und mit 19 auszog, hatte ich einen Herd mit zwei Platten. Das war meine erste Küche in einem krude ausgebauten 50er-Jahre-Dachgeschoss in Milbertshofen, München. Keine besonders gute Gegend. Ich habe immer Wasser warm gemacht und wahlweise Kartoffeln oder Nudeln mit Pesto oder Maiskolben in den Topf geschmissen. Ich konnte Pellkartoffeln machen, einfach Kartoffeln mit Quark. Und Nudeln mit Butter und Parmesan. Mehr nicht. Drei, vier Jahre, nachdem ich Jan kennenlernte, fing ich an, nach Rezepten zu kochen. Ich war ein echter Autodidakt.

Hast du dir mal etwas vollkommen Überflüssiges für die Küche gekauft?

Eine Nudelmaschine, steht ganz oben in einem Schrank, für den man eine Leiter braucht und bei dem einem sofort etwas auf den Kopf fällt, sobald man eine Tür öffnet. Die hole ich da nie wieder raus.

Warum stellen wir Gegenstände in Schränke, von denen wir in diesem Moment schon wissen, dass wir sie nie wieder benutzen?

Eine sehr gute Frage. Bei der nächsten Pandemie im nächsten Lockdown beantworte ich sie dir. Da hol ich dann alles raus.

Hat sich während der Pandemie kulinarisch bei dir irgendetwas verändert?

Ja, ich besitze ganz tolle, neue Kochbücher, *Schnelle Küche*, *Vegetarische Küche*. Unter der Woche habe ich nicht so viel Zeit, aber am Wochenende koche ich. Samstags mache ich immer meinen Wocheneinkauf und habe mir gleich mal vier Rezepte für die nächsten Tage zusammengestellt. Für heute Abend zum Beispiel: Süßkartoffelscheiben mit Spiegelei. Also Toastscheiben aus Süßkartoffeln mit einer besonderen Soße, Kidneybohnen sind noch dabei, und am Ende kommt ein Spiegelei drauf. Ich finde, das klingt fantastisch.

Das klingt nach einem Jungsgericht.

Ach, jetzt hör doch auf.

Nein, nein, das meine ich gar nicht abwertend.

Die wissen doch gar nicht, was eine Süßkartoffel ist.

Also wer diskriminiert denn hier gerade die Hälfte der Menschheit, »die wissen gar nicht, was eine Süßkartoffel ist«.

Ich wusste es lange nicht.

Ja, wann hat eigentlich die Süßkartoffel Einzug in unser Leben gehalten? Vor 15, 20 Jahren?

So in etwa. Genau so.

Das mit dem Toasten habe ich auch schon mal gemacht. Das klappt.

Will ich jetzt mal ausprobieren. Sonst schneide ich die immer in dicke Scheiben, lege sie aufs Backblech und presse dann Knoblauch darauf aus.

Auch schön.

Richtig gut. Und dazu Hühnchenbrust in Limettensoße. Das ist fantastisch.

Süßkartoffeln sind wie gute Freunde, weil sie so lange halten und nicht rummeckern. Dunklere Stellen kann man problemlos wegschneiden. Sie sind leicht zu schälen und verstehen sich hervorragend mit etwas, das ich auch immer im Kühlschrank habe: Feta. Eins meiner Lieblingsnotgerichte, wenn ich Hunger auf was Herzhaftes, aber keine Lust auf großes Zubereiten habe.

Nicht schlecht. Ja, ich denke bei Feta an ein Couscousgericht in Avocado. Avocado rösten, also einfach in der Mitte durchschneiden, in die Pfanne, dass sie so ein bisschen braun wird. Und dann tust du da so einen Couscoussalat mit …

Warte, aber die Avocado vorher noch aus der Schale holen, oder?

Nee, nee, du lässt sie in der Schale. Du schneidest die Avocado in der Mitte durch. Du legst sie nicht in heißes, aber warmes Olivenöl, so, dass sie richtig schön anbräunen. Und dann füllst du in die Kuhle den Couscoussalat mit Tomate und Zwiebeln. Schmeckt großartig.

Huiuiui.
Und löffelst es dann aus, ist auch aus meinem neuen Kochbuch, aus dem Corona-Kochbuch Nummer zwei.

Okay, wir kommen zu »Entweder-oder«. Sushi oder Fondue?
Also Fondue bitte gerne beim Skifahren und Sushi im Sommer.

Im Sommer Sushi? Wo die meisten sagen: »Oha. Vorsicht!«
Ja, weil es ein kaltes Essen ist.

Ich esse zwischendurch auch sehr gerne Sushi. Aber ich spüre, dass er langsam wegrutscht, weil es diese Dokumentationen gibt, die man nicht sehen will, aber sehen sollte.
Das ist das Problem. Genau das ist mein Problem.

Ich würde gerne Biosushi essen. Ich weiß, das klingt recht dekadent. Aber wir sollten uns angewöhnen, danach zu fragen, es zu verlangen. Und sei es beim Lachs. Inzwischen gibt es ja zertifizierten Biolachs in jedem Discounter.
Du müsstest Thunfisch schon mal ganz ausschließen. Und beim Lachs: Wo kommt der her? Aus Aquakultur? Sushi ist tatsächlich ein schwieriges Thema. Aber ja, du hast völlig recht. Ich kriege da auch langsam Kopfschmerzen. Also Fondue.

Wasser oder Saft?
Wasser.

Mit oder ohne Sprudel?
Egal.

Wirklich egal?
Ich habe früher nur ohne getrunken, und jetzt ist es mir egal.

Kalt oder warm?

Kalt.

Ich freue mich sehr darüber, Wasser zu mögen. Und ich finde, dass es sich die Leute, die kaltes Wasser mit Kohlensäure trinken, selbst total schwer machen. Es leistet größeren Widerstand beim Trinken. Warmes Wasser ist einfach, es ist weich, da trinkt man morgens easy einen halben Liter. Wer den erst mal intus hat, hat auf jeden Fall schon mal ein Viertel des Tagesbedarfs gedeckt.

Also ich trinke wahnsinnig viel Wasser tagsüber, und es ist mir eigentlich wirklich völlig egal, in welcher Form. Beim Sprudel habe ich größere Schwierigkeiten. Das stimmt.

Man muss rülpsen.

Beim Fernsehen zu arbeiten und Sprudel zu trinken verbietet sich, weil die Leute wirklich den Mund aufmachen und rülpsen. Egal was du sie fragst. »Und wen wählen Sie in diesem Jahr?« »Rülps.«

So. Erdbeeren oder Himbeeren?

Ach, auch schwer. Himbeeren dann, wenn ich sie selber pflücke im Wald.

Ach. Du gibst so niedliche Antworten.

Ja, aber da gibt es die. Die ganz kleinen. In den Bergen, auf einer gewissen Höhe, in einer gewissen Jahreszeit, die kleinen Himbeeren. Und daneben wachsen natürlich auch die kleinen Erdbeeren.

Aber die sind alle sehr klein, oder?

Die sind sehr klein, aber sehr, sehr süß.

Verstehe. Schokolade oder Chips?

Schokolade.

Welche?

In der Reihenfolge: Kinderschokolade, Nutella, Milka Vollmilch. Aber auch gerne alles zusammen. Wenn ich erst mal mit einer Tafel anfange, ist sie kurze Zeit später weg. Ich kann nicht maßhalten bei Schokolade.

Hast du eine Süßigkeitenschublade?

Eine Zeit lang, bei meiner Assistentin im Büro. Das war aber wirklich fatal, weil ich die ganze Zeit an dieser Schublade herumhing.

Du hast sie ausgelagert, um dich sozusagen vor dir selbst zu schützen.

Genau.

Und zu Hause? Also Jan und dein Sohn, haben die Zugang zu Süßigkeiten?

Ja, da gibt es so einen Bereich in der Speisekammer.

Mit Zahlenschloss?

Ich versuche den Vorrat möglichst klein zu halten. Wenn ich Schokolade zu Hause habe, dann definitiv welche, die mir nicht schmeckt. Das hilft.

Du hast jetzt eben bei mir zum Beispiel …

… ja, das ist eine gute … 70 oder 80 Prozent?

Die hatte 70.

Genau 70, aber das ist immer noch besser als Kinderschokolade, Milka Vollmilch und Nutella. Ich glaube, wenn ich die zu Hause hätte, könnte ich auch immer nur ein Stück essen.

Genau, es ist ein hinnehmbarer Kompromiss.

Andererseits ist so ein Milka-Rausch ja auch schön.

Ja, ja, ja, ja.
Oder so ein Kinderschokolade-Anfall.

O ja.
So ein halbes Nutella-Glas.

Verdammt, ich weiß, wie das ist. Weiter. Kaffee oder Tee?
Kaffee.

Wie?
Unterschiedlich. Tschechisch: einfach morgens das Pulver in die
Tasse tun und mit Wasser aufgießen, umrühren, bis es sich gesetzt hat.
Oder Espressokanne, immer noch. Hat den Nachteil, dass man da
doch recht viel Milch braucht, ich jedenfalls. Inzwischen trinke ich
auch Filterkaffee. Es ist ganz komisch, aber den bekommst du ja im
Zug oder Flugzeug, dann gibt es eben diesen wirklich üblen Filter-
kaffee. Aber ich habe festgestellt, dass das auch geht.

**Der ist unter Umständen sogar intensiver als ein Espresso, habe
ich mal gelesen, weil der einzelne Tropfen viel länger braucht, um
durch dieses ganze Pulver durchzukommen, und dadurch sehr
viel mehr Koffein aufnimmt.**
Siehst du, habe ich mal was dazugelernt. Wusste ich nicht.

Banane oder Zitrone?
Banane.

Lakritze oder Weingummi?
Weingummi. Ich hasse Lakritze!

Junger oder alter Käse?

Beides. Ich finde, beim Parmesan ist ein junger gut, weil er dann weicher ist. Das mag ich. Es gibt aber Käsesorten, die einfach erst mit dem Alter innen so schön zerfließen.

»Alter, innen«. Ich dachte gerade …

Innenverteidiger*in.

Nein, »mit dem Alter*innen«. Ich dachte: Was meint sie? Alter und Alterinnen? Und dann: Ah, okay.

Ohne Stern. Alter Komma innen. War Kevin Kühnert hier zu Gast?

Nein, aber neulich schickte mir eine sehr müde Freundin eine Sprachnachricht, in der sie versehentlich von »Frau*innen« sprach.

Nein! Süß.

Was liegt auf der perfekten Pizza? »Nur Margherita!«

Genau. Also noch besser Bianca. Das ist nur das Pizzabrot. In meiner Kindheit gab es auf dem Weg zu meiner Schule einen Pizzaladen, der hatte Pizza al taglio, also diese riesengroßen Rechtecke, und man bekam einfach so ein Stück abgeschnitten. Und die beste ist die Pizza Bianca gewesen, weil da so ein bisschen Rosmarin drauf war und genau die richtige Menge Öl und genau die richtige Menge Kruste. Das ist das Beste überhaupt.

Reis oder Nudeln?

Ach, schwierig. Mag ich beides.

Reis oder Nudeln?

Dann Reis. Ah nee, dann Nudeln.

Kartoffeln oder Nudeln?
Warum muss ich mich immer entscheiden?

Gleich habe ich dich gebrochen. Gleich ist es so weit.
Dann auch wieder Nudeln. Aber Kartoffeln kann man so unterschiedlich machen. Das ist auch so schön.

Wie machst du sie denn am liebsten?
Im Ofen, klein geschnitten mit Rosmarin und Salz, in Alufolie, als
Kartoffelgratin und als Bratkartoffeln. Kartoffelpuffer.

Rühr- oder Spiegelei?
Spiegelei. Eindeutig.

Sunny side up oder reinpiken und alles läuft aus?
Ganz normal.

**Und wenn da weißer Glibber ist, ist es dir auch egal. Es ekelt dich
nicht. Das findest du okay.**
Es wäre besser, wenn da kein weißer Glibber ist.

Und wenn du Rührei machst, machst du das mit …
Kann ich nicht. Wirklich. Ich-kann-kein-Rührei! Es gibt ein paar
Sachen, die ich nicht so hinbekomme, dass sie am Ende eine ganz
bestimmte Konsistenz haben.

Es gibt doch aber verschiedene Rührei-Konsistenzmöglichkeiten.
Ja, ich beherrsche keine einzige davon.

Du willst bestimmt, dass es beim Zerteilen mit der Gabel so ein leichtes Geräusch macht und trotzdem noch saftig ist.
Das kann Jan zum Beispiel. Neulich haben wir mit einer Freundin gekocht, die hat fantastisches Rührei für 20 Personen gemacht. Einfach mal morgens, zack, zack, zack. Ich habe nur die Teller rausgebracht und serviert.

Ich bin irritiert, weil du so viel kannst. Und ausgerechnet beim Rührei ...
Es ist ja kein Rezept dabei. Ich kann nur Sachen mit Rezept.

Hast du es mal mit Sprudel versucht?
What?

Mit Kohlensäurewasser? Einem Schuss?
Statt Fett in der Pfanne, oder wie meinst du das jetzt?

Oh. Okay, jetzt verstehe ich, was du meinst, wenn du sagst, du kannst kein Rührei. Ich möchte an dieser Stelle aber wirklich noch mal betonen, dass dieses Defizit ein vollkommen falsches Licht auf deine sonstigen Fähigkeiten als Köchin wirft.
Ich sag dir doch, ich kann nur Malen nach Zahlen. Ich bin völlig aufgeschmissen, wenn ich einfach etwas machen soll.

Bier oder Wein?
Wein. Aber Bier ist auch manchmal ganz nett.

Rot oder Wein?
Rot. Rot oder Wein. Meine Damen und Herren, es ist zehn Uhr abends, die Frau Rust hat 'n Dings im Tee.

Hat sie nicht.

Rotwein. Rotwein ist wie gute Schokolade.

Brokkoli oder Blumenkohl?

Mag ich beides, aber ein bisschen mehr den Blumenkohl.

Spinat oder Brokkoli?

Brokkoli.

Du merkst es. Das Netz zieht sich zu.

Ja, ich merk schon. Am Ende kommt dann eine Persönlichkeits-
analyse dabei heraus: »Frau Maischberger hat in ihrer Kindheit …«

Kommen wir zu den Trigger-Lebensmitteln. Magst du Pilze?

Ganz spezielle, diese trockenen, Champignons zum Beispiel. Ich mag
schon nicht, wenn es anfängt, ein bisschen labberig zu sein. Shiitake
oder so was ist nicht meins. Pfifferlinge gehen. Steinpilze sind super,
wenn man sie selber gefunden hat.

Gut. Geht ihr in die …

… Pilze? Ja. Habe ich auch erst durch meinen Mann gelernt. »In die
Pilze«, haben wir früher nie gemacht. Aber Jan kennt sich aus.
Anschließend macht er die in der Pfanne mit ein bisschen Knoblauch
und Petersilie.

Magst du Innereien?

Eigentlich nur Leber.

Auch schon als Kind, oder hast du dich verweigert?

Saure Leber kam von meiner Großmutter. Bayerische Schwäbin
oder schwäbische Bayerin, je nachdem, wie man es sieht. Die kochte
wirklich gute saure Leber.

»Entweder-oder« haben wir jetzt hinter uns. Nun kommen noch ein paar übrig gebliebene, tröpfelnde Fragen. Erinnerst du dich noch an deine Pausenbrote in der Schule?

O ja, kennst du noch Eszettschnitten?

Die durftest du haben? Das sind Schokoladentäfelchen.

Ja, genau. Gab es auch in bitter, aber die habe ich nicht gehabt. Bei mir war's Vollmilch, einfach Schokolade aufs Brot.

Ich habe so eine unsinnliche Verpackung vor Augen, blau mit weiß. Da hätten auch Medikamente drin sein können.

Daran kann ich mich nicht erinnern. Wenn ich sie sah, lagen sie ja schon auf dem Brot, das mir meine Mutter mitgegeben hat.

Tolle Mutter. Austern?

Wenn ich an der Küste in der Bretagne sitze und die kommen frisch aus dem Wasser, lasse ich mich drauf ein. Und auch sonst nur, um einen Moment das Gefühl zu haben, am Meer zu sein. Aber eigentlich schmecken sie nicht.

»Wenn ich da sitze und die kommen frisch aus dem Wasser«, das klingt, als würden sie mit kleinen Füßchen direkt auf dich zulaufen.

Ja, genau. Die sagen: »Iss mich, iss mich.«

Stell dir vor, du müsstest für einige Zeit auf einer Bohrinsel leben und dort gäbe es weit und breit keine Infrastruktur. Was würdest du mitnehmen? Die Top 5 Lebensmittel oder Gewürze, die du in jedem Fall brauchst.

Ganz klar Nudeln, immer gut, kann man gut lagern, gehen nicht kaputt. Dosentomaten. Schmecken überraschend gut in jeglicher Kombination. Ein paar Kräuter der Provence, also eine Standardgewürzmischung. Was würde ich sonst so mitnehmen? Eine Müslimischung. Amaranthmüsli zum Beispiel mit Trockenbeeren. Das ist auch etwas, was gut hält. Und Schokolade. Und natürlich eine Kiste Wein. Ein Kasten Bier. Keine Ahnung, wie lange bin ich da?

Machst du denn Sport? Du bist wahnsinnig schmal.
Das ist wegen Corona. Ich wurde 50, und dann kam die Pandemie. Weil unser Sohn beim Homeschooling saß, hatte ich eine Stunde mehr Zeit und habe mir angewöhnt, doch wieder jeden Morgen Sport zu machen.

Was machst du? Läufst du? Yoga?
Ich habe ein Laufband, und das passt auch zu den Dingen, die anstehen. Ich muss Podcasts hören, Reportagen gucken, Sendungen, die ich am Abend verpasst habe, irgendwelche Dinge, und das läuft sich dann einfach so weg.

Im wahrsten Sinne des Wortes.
Ganz genau. Und dann gibt es noch so ein paar Übungen mit Bändern und mit so einer Stange und so einer Matte auf dem Boden. Aber ich kann kein Yoga, ich kann kein Pilates. Ist mir alles zu kompliziert. Ich bevorzuge die ganz einfachen Sachen.

Apropos einfach: Kannst du denn Rührei?
Nein. Ist das eine Yoga-Übung?

Das war eine Fangfrage.
Aber die Yoga-Übung Rührei, die möchte ich sehen, gibt es bestimmt.

Wird wahrscheinlich einfach nur Vapshhi heißen, und man denkt: Ah, guck mal, sie macht »Vapshhi«, den schlafenden Hund, dabei bedeutet es »Rührei«.

Es gibt eine Dehn-Entspannungsübung, die heißt bei mir Mozzarella. Du kniest, Kopf nach vorne auf die Matte, die Arme nach hinten. Du bist also eine kleine Kugel. Ich nenne das »Mozzarella«.

Zum Schluss, liebe Sandra, kommt das Dessert. Schnaps? Espresso, Tiramisu, Käse?

Je nachdem. Wenn es ein wirklich tolles Essen ist, dann gibt es natürlich Nachtisch, gefolgt von Käse und einem ordentlichen Digestif. So. Das ist sozusagen die Grand Version. Im Alltag finde ich das ein bisschen schwierig, aber wenn es schön und opulent sein darf – warum nicht? Wer mit mir essen geht, muss auch damit rechnen, dass ich aus lauter Ungeduld oder aus anderen Gründen die Rechnung zahlen möchte.

Ach wie nett, wie ungeduldig *und* großzügig.

Absolut. Dieses Auseinanderrechnen am Tisch! Und dann gibt jeder irgendwie 5 Euro 30 dazu – das macht mich kirre.

Ich saß mal zufällig mit einer Gruppe sehr erfolgreich wirkender Leute beim Essen als es um die Rechnung ging sagte einer: »Hoch oder tief?« Ich dachte: »Was passiert denn jetzt?« Jemand sagte »hoch«. Und derjenige, der die höchste Zahl auf seiner Kreditkarte hatte, musste anstandslos alles zahlen.

Nein! Ich hoffe, du hast sie in deinem Leben nie wiedergesehen.

Ich kannte die gar nicht, wir teilten uns den Tisch. In diesem Sinne ...

... Augen auf, mit wem man essen geht. Ganz entscheidend für die Lebensfreude.

Kastaniensuppe

Für 4 Personen
Zubereitungszeit 30 Min., Röstzeit 8 Min.

300 g Maronen (Esskastanien) | 80 g Sellerie | 750 ml Gemüsebrühe | 200 g Sahne |
50 g Butter | ¼ Knoblauchzehe | 1 Prise frisch geriebene Muskatnuss |
1 Prise Zucker | Salz | Pfeffer

1. Den Backofen auf 220° vorheizen. Die Schale der Maronen an der gewölbten Seite mit einem scharfen Messer kreuzweise einschneiden. Die Maronen auf ein Backblech legen und im Ofen (Mitte) 7–8 Min. rösten, bis sich die Schalen öffnen. Herausnehmen, die warmen Maronen aus der Schale brechen und den braunen Filz von den Kernen abziehen. Wurmstichige Kerne aussortieren.

2. Den Sellerie schälen. Die Brühe in einem Topf aufkochen, Maronen und Sellerie zufügen und bei kleiner bis mittlerer Hitze 15–20 Minuten köcheln lassen. Die Maronen dann durch ein Sieb abgießen, dabei den Kochsud auffangen.

3. Die Maronen mit 100 ml Kochsud und 150 g Sahne im Mixer cremig pürieren. Dann so viel Kochsud untermixen, bis die gewünschte Konsistenz erreicht ist. Die Suppe soll sämig, aber nicht dick sein.

4. Die Butter untermixen. Den Knoblauch schälen und zerdrücken. Die Suppe mit zerdrücktem Knoblauch, Muskatnuss, Zucker, Salz und Pfeffer abschmecken.

5. Die restliche Sahne (50 g) steif schlagen und unter die Suppe heben. Die Kastaniensuppe in vier Schalen anrichten und sofort servieren.

TIPP: Wer keine Lust auf das Rösten und Auslösen der Maronen hat, verwendet einfach französische Maronen aus der Dose oder aus dem Vakuumpack. Diese jedoch nur 5–8 Min. in der Brühe köcheln lassen, da sie schon vorgegart sind.

Haya Molcho

Die international erfolgreiche Starköchin Haya Molcho hat rumänische Wurzeln, verbrachte ihre frühe Kindheit in Tel Aviv und zog mit ihrer Familie im Alter von neun Jahren nach Bremen. Dort heiratete sie später den bekannten Pantomimen Samy Molcho. Drei ihrer vier Söhne helfen der temperamentvollen Haya dabei, das inzwischen ziemlich große Family-Business zu leiten: z. B. die NENI-Restaurants, die überall auf der ganzen Welt zu finden sind. Oder den eigenen Lebensmittelvertrieb. Ach, wenn's um Essen geht, im Speziellen um ihre eklektische Weltküche oder beispielsweise um ihre Liebe zur Fermentation, dann ist sie nicht mehr einzufangen. Aber warum auch? Mit Sicherheit können wir von ihr viel lernen.

Liebe Haya, woran denkst du sofort, wenn ich dich nach dem Essen deiner Kindheit frage?

Da ich rumänischer Abstammung bin, sind es Krautrouladen – die meine Mutter fantastisch gemacht hat. Zuerst fermentierte sie das Kraut. Ich bin eigentlich mit Fermentation aufgewachsen, weil man in Rumänien damals grüne Tomaten, rote Tomaten, Gurken und Paprika, quasi jede Sache für den Winter fermentierte.

Deine Eltern besaßen damals keinen Kühlschrank. Auch später in Israel nicht?

Nein. Sie hatten Eisblöcke.

Eisblöcke? Wo waren die?

Unterm Bett! In einem riesigen Eisengefäß. Es war ja heiß in Israel, oft 40 bis 50 Grad. Die israelische Küche ist eine eklektische Küche, weil jede Nation und jede Mutter oder jeder Vater nach dem Zweiten Weltkrieg die eigenen Gerichte mitbrachte. Meine Eltern haben in Israel Sarma, Mititei oder Ikra, geräucherten Fischrogen, gemacht. Mit diesen Sachen bin ich aufgewachsen. Außerdem israelische Küche, Falafel, Hummus, mit palästinensischen Zutaten und Einflüssen. Meine Nachbarn waren polnische, französische, äthiopische, indische Juden … das war meine Küche. Aber auch Ostblock, Rumänien … Eine richtige Mischung von »Orient trifft Okzident«. Ich habe auch immer draußen gelebt, wir waren Straßenkinder. Und jede Mutter bereitete ein Essen zu, so lernte ich verschiedene Kulturen kennen.

Schmecken diese Krautrouladen ein bisschen wie Kohlrouladen?

Nein, Kohl ist Kohl, und Kraut ist Sarma. Krautrouladen werden aus diesem Weißkohl gemacht, und die Blätter werden erst fermentiert, eingelegt …

Kannst du dieses Fermentieren in groben Zügen erklären?

Zum Beispiel Gurken: Wir legen sie in eine Salzlake – Wasser, Salz, und dann gibt man Gewürze dazu – Pfefferkörner, Fenchelsamen, Senfkörner. Ich mach das immer im Sommer und lasse es dann draußen im Garten in der Sonne zwei bis drei Tage fermentieren, mit einem halb offenen Glas, denn sonst würde es explodieren. Danach kommt es für ein bis zwei Wochen ins Dunkle. Also: Fermentation ist immer mit Salz, oder man kann auch ein bisschen Essig dazugeben, je nachdem, was du machst.

Du bist in Tel Aviv zur Welt gekommen und hast die ersten neun Jahre dort gelebt. Wie fingen die Tage dort an, was habt ihr gefrühstückt?

Bei uns gab's morgens nie was Süßes. In Tel Aviv isst man meistens einen israelischen Salat … Tomate, Gurken, Petersilie … ganz klein und hauchdünn geschnitten, das ist dieser palästinensische Einfluss, mit Avocado oder mit Labane. Das ist abgehangener Joghurt aus Ziegen-, Schafs- oder Kuhmilch. Da kommt Za'atar drauf, Oregano, grobes Salz, Sesam und Olivenöl. Also, wir frühstücken sehr, sehr gesund. Wir essen dann ein Sauerteigbrot, das mache ich ohne Hefe, es wird auch fermentiert. Dazu gibt es Kaffee oder Tee.

Kannst du dich an deine Schulbrote erinnern?

Wir hatten gefüllte Pitabrote. Manchmal tat meine Mutter Fleisch oder Tomaten, Salate, Labneh oder Avocado hinein. Meistens haben wir eine sehr gesunde Jause gegessen … nie Schweineschmalz, nie viel mit Fett. Eher leicht, mit Olivenöl, Zitronensaft, vielen Kräutern. Damit bin ich aufgewachsen, das ist heute noch mein Lieblingsessen. Sehr viel Auberginen – oder Melanzani, wie man in Österreich sagt –, am liebsten direkt auf die Holzkohle, aufs Feuer, sodass die Schale ganz schwarz wird. Das Innere, das Weiße, Weiche der Aubergine, esse ich gerne mit Tahina, Zitronensaft und Tomatenkernen. Traumhaft tolles Gericht!

**Klappt das in einem ganz normalen Ofen auch so gut? Wird es
richtig schwarz?**

Viele haben ja einen Grill zu Hause. Auf der heißesten Stufe im
Ofen dauert es ungefähr 20 Minuten, bis die Schale ganz schwarz
wird. Wenn man mit einer Nadel reinsticht, muss es butterweich sein.
Aubergine darfst du nie al dente essen, sonst schmeckt sie wie Gummi.
Du kannst sie auch in Scheiben in Olivenöl anbraten. Ich habe
100 Rezepte für Auberginen. Ich mache daraus sogar Marmelade …

Wow!!

Aus den ganz kleinen Babyauberginen, herrlich. Was ist der Unterschied zwischen Aubergine und Zwetschge oder Pflaume? Das ist
genauso süß und genauso raffiniert.

**Wenn du dich in deinem Leben für ein Gemüse und für ein Obst
entscheiden müsstest …**

Gemüse: auf jeden Fall Tomate. Auch die Kerne esse ich. Und bei Obst
würde ich sagen: Pfirsiche. Ein guter Pfirsich, wo der Saft rinnt …

**Eigenartig, dass Platt- oder Bergpfirsiche so spät in unser Leben
kamen. Damals dachten alle: bisschen klein, bisschen
verwachsen, komische Dinger. Ich weiß noch, wie es war, als
ich die zum ersten Mal probierte. Hammer. Ich dachte: Den
Geschmack kenne ich! So haben Pfirsiche in meiner Kindheit
geschmeckt.**

Das sag ich auch oft: Wenn du früher in eine Tomate gebissen hast,
dann schmeckte die nach Tomate und nicht nach Plastik. Du musst
wirklich auf den Sommer warten für richtig gute Tomaten.

**Aber du hast ja bestimmt eingelegte Tomaten. Deine Großmutter
hat sogar Blüten fermentiert.**

Ja, Rosenblüten, wir haben Konfitüre gemacht.

Und nicht bloß als Deko. Gib mir mal ein Beispiel für eine Blüte, und versuch, den Geschmack zu beschreiben.

Ich bin mit Rosenblütenmarmelade aufgewachsen. Meine Großmutter hat die Blüten in Zuckerwasser aufgekocht und Gewürze dazugegeben. Das ist für mich eine Kindheitserinnerung. Dazu ein Glas Wasser – man hat bei uns keinen Alkohol getrunken. Ich bin in Israel ohne Alkohol aufgewachsen – ein Glas Wasser, Dulcasse hieß das: eine Marmelade aus Rosenblüten. So wurde man zu Hause begrüßt. Gab's statt Prosecco.

Und wie sah bei euch der Schabbat aus?

Jeden Freitag haben wir das Gleiche gegessen: meine Mutter Jewish Chicken Soup und Samis Eltern – Sami ist mein Mann – Eintopf, Bohneneintopf. Sie waren Vegetarier. Die Kinder freuten sich, dass es am Schabbat immer das gleiche Essen gab. Das ist Tradition und die ist sehr wichtig. Ich rede nicht von Religion, ich rede von Tradition.

Gibt es denn auch eine Sache, die du nie gemocht hast?

Das kann ich dir sofort sagen: Als ich nach Deutschland kam, da war ich in so einem Camp. Da gab es Spinatbrei. Diesen passierten Spinat mit Spiegelei kann ich bis heute nicht essen. Ich liebe Blattspinat auf Polenta oder Mais, wie die Italiener, mit Knoblauch.

Hat deine Mutter dir kochen beigebracht?

Bei ihr lernte ich das rumänische Kochen. Später interpretierte ich das Rumänische auf die israelische Art. Die Krautroulade nahm ich zum Beispiel auseinander. Das Kraut hab ich im Ofen ein wenig verbrannt, statt Rind gab ich Lamm und Reis dazu, dann noch Joghurt und ein bisschen Chili … eine israelisch-rumänische Krautroulade.

Deine Mutter starb, als du mit deinem zweiten Sohn schwanger warst. Besitzt oder kennst du ihre alten Rezepte?
Die Rezepte hab ich. Meine Mutter machte beispielsweise die besten jüdischen Briskets.

Was ist das?
Brustfleisch vom Rind. Das wird sechs Stunden geschmort, mit Wurzelwerk und Zwiebel, mit Jus. Ein Traum, Kindheitserinnerungen. Die polnischen Juden haben das Gericht nach Amerika gebracht. So wie Pastrami gibt's Briskets. Das war auch Schabbat-Essen bei vielen.

Als du sehr jung aus Israel nach Bremen kamst, hast du sicher auch bei Schulfreundinnen gegessen. Die klassische, gutbürgerliche deutsche Küche. Was ist dir besonders positiv in Erinnerung geblieben?
Ehrlich gesagt kann ich mich nicht erinnern, meistens waren die Freunde *bei uns*. Weihnachten wurde ich mal eingeladen, da hab ich das erste Mal Ente gegessen, mit Rotkraut und den ganzen Gewürzen. Mir gefiel es, in der Familie zu sein, diese Tradition. Aber dass ich mal zu einem Essen eingeladen wurde – daran kann ich mich nicht erinnern. Die Deutschen haben nicht so viel eingeladen damals. Schon gar nicht Freunde von Freunden – bei uns gab's das viel. Meine kleine, herzige, offene Mutter hat gesagt, du kannst mitbringen, wen du willst.

Ich hoffe, dass das heute kompensiert wird, indem du ständig eingeladen wirst. Wobei ich mir durchaus vorstellen könnte, dass einige Leute Hemmungen haben mit privaten Einladungen.
Nein, es gibt keinen Grund für Hemmungen, ich probiere alles. Einige unserer Freunde haben eine offene Küche. Wenn wir da hinkommen, schält der eine Kartoffeln, der nächste macht etwas anderes. Es ist nicht steif, sondern leger. Ich gehe ja nicht zu meinen Freunden,

um gut zu essen, sondern weil ich ein gutes Gespräch führen will, ich liebe es, mit ihnen zusammen zu sein. Und sie wissen: Wenn sie wollen, mach ich ganz schnell irgendetwas.

Ich beobachte – und schließe mich auch gleich mit ein –, dass sich die Leute viel zu viele Gedanken über private Essenseinladungen machen. Der Anspruch ist zu hoch, es wird von langer Hand geplant, statt mal ohne großen Vorlauf einen Topf Pasta auf den Tisch zu stellen.

Also, das war für mich das Fremdeste, als ich nach Europa kam. Und auch meine Mutter und mein Vater waren regelrecht schockiert, dass sie eine Einladung für »in einem Monat« bekamen. Meine Mutter sagte: Was weiß ich, ob ich in einem Monat kann! Bei uns war's spontan. Die Tür stand offen. Und wenn es nichts zu essen gab, dann gab's nichts zu essen. Was du sagst: Dieses Übergeplante macht überhaupt keinen Spaß.

Ist denn dein Bruder auch aktiv in der Küche gewesen oder war klar, dass du als Tochter das übernimmst?

Nein, es war nicht so, dass ich das Kochen lernen musste. Mein Bruder war auch immer mit dabei. Wir sind in Israel eigentlich sehr selbstbewusst und emanzipiert aufgewachsen.

In Deutschland kochen traditionell immer noch viele Frauen in den Haushalten. Wenn es aber um die Sterne-Gastronomie geht, sind es meistens Männer ...

Ein Mann braucht viel mehr Anerkennung, viel mehr Aufmerksamkeit. Eine Frau macht das ganz selbstverständlich und redet nicht so viel darüber. Aber wenn »er« einmal gegrillt hat, klatschen alle. Und die Frau hat 1000 Salate gemacht. Wer wird gelobt? Der Mann. Die Frauen sollten gelobt werden.

Mit deinem Mann und vier erwachsenen Söhnen lebst du ja eigentlich in einem Patriarchat. Oder konntest du sie in deinem Sinne erziehen?

Weißt du, wenn Kinder zu Hause sehen, dass der Vater die Mutter respektiert und die Mutter den Vater respektiert, dann kommen sie nicht mehr drauf, dass eine Frau nicht geschätzt wird. Und wenn wir uns gegenseitig Komplimente machen und loben, dann wird ihnen nie einfallen, eine Frau zu degradieren. Das sind Männer, keine Machos! Gott sei Dank: Ich habe vier tolle, sensible Jungs erzogen, und darauf bin ich eigentlich am meisten stolz.

Wir kommen jetzt zur Rubrik »Entweder–oder«. Mal sehen, ob du dich entscheiden kannst ...

Kaffee oder Tee?
Kaffee.

Wasser oder Saft?
Wasser.

Erdbeeren oder Himbeeren?
Himbeeren.

Banane oder Zitrone?
Zitrone.

Joghurt oder Pudding?
Joghurt.

Müsli oder Schrippe?
Was ist Schrippe?

Brötchen. Die Berliner sagen Schrippe.

Oh, nett … Schrippe. Ja, Brötchen mit Butter. Nicht in Israel, aber in Deutschland hab ich das immer geliebt. Weißwürste mit Brezel. Knödel lieb ich. Das ist auch in Israel ganz stark.

Grieche oder Italiener?

Italiener. Ich liebe die italienische Küche.

Und dann deine Lieblings-Pasta-Soße?

Salsicce.

Wie machst du die?

Ich kaufe eine Salsiccia. Aber eine weiche, und die nehm ich auseinander, und dann mach ich das mit roten Zwiebeln, Olivenöl, ein bisschen Knoblauch, einer guten Pasta und Basilikum drauf, Parmesan …

Isst du oft Nudeln? Oder achtest du auf irgendetwas?

Nein, aber ich versuche einen Ausgleich. Spazieren gehen und Sport. Ich kann nichts »beachten«. Ich probiere so viele Sachen, aber unsere Küche ist sehr gesund. Ich esse nicht die schwere Küche, und deswegen pass ich nicht auf.

Isst du immer, was du zubereitest?

Nein. Ich liebe meine Küche, und wenn etwas nicht gut geht, dann schmeiß ich es auch weg. Ich bin sehr kritisch. Du kannst nicht alles richtig machen. Wenn du ein Soufflé machst: Manchmal gelingt's, manchmal gelingt's nicht. Ich hab jetzt zum Beispiel ein veganes Soufflé gemacht. Bis ich das richtig hingekriegt hab … das dauerte.

Womit ersetzt du den Eischnee?

Das geht ganz toll mit dem Wasser von gekochten Kichererbsen, hab ich in Indien gelernt.

165

Bier oder Wein?

Wein. Ich trinke sehr wenig Alkohol. Überhaupt kein Bier, aber Wein. Er muss herb und leicht sein und darf nicht süß schmecken. Tolle österreichische Weißweine, aber: trocken, ganz trocken.

Verträgst du Alkohol nicht so gut?

Ich glaube, wenn du als Gastronom Alkohol liebst, dann ist das schon eine Gefahr. Wenn ich jedes Mal mit meinen Gästen trinken würde, wäre ich heute Alkoholikerin. Ich koche gerne mit Alkohol, mit Wein … ein Jus ohne Wein geht gar nicht, Portwein, dann trinke ich mal ein Schlückchen. Aber ich war in meinem Leben vielleicht einmal beschwipst. Das ist nicht wegen der Kontrolle, sondern es wäre für mich schädlich in meinem Beruf.

Habt ihr in eurem Haus einen Kühlraum?

Wir haben drei Kühlschränke. Aber nicht koscher getrennt, sondern alles auf einmal.

Was hebst du in deinen Gefrierfächern auf?

Gewürze, die ich aus Israel mitbringe.

Welche Gewürze?

Al-Ragawi … Jemenitischer Bockshornklee für Gemüse oder Fleisch oder für Kaffee, zwei verschiedene Arten. Oder ich bringe einen guten türkischen Kaffee mit, einen langsam zu kochenden, mit diesem türkischen Behälter auf dem Wasser.

Dann Amba, das ist eine andere Art von Curry und wird mit Mango-Pickles gemacht. Ein bisschen zitronig, ein bisschen curryartig und mit Mango-Geschmack … so was bring ich mit.

Kann man so was hier in Markthallen kaufen?

Ja, aber weil ich so oft in Israel bin, gehe ich da zu meinem Gewürz-
laden, einem Jemeniten. Den lieb ich, und ich weiß genau, sie mahlen
mir das auf die Minute.

Aber es gibt Dinge, die ihr Aroma verlieren.

Nein, Gewürze nicht.

Erklär mal.

Wenn man Gewürze vakuumiert, bleiben sie ganz frisch. Du kannst
sie aber auch mit diesen Clips ganz dicht verschließen. Ich bring
manchmal 15 Kilo aus Israel mit.

Und diese vielen Kühlschränke sind für … Besuch?

Wir haben so viele Freunde aus dem Ausland. Bis letzte Woche hat
eine Familie bei uns gewohnt. Tolle Menschen. Die kommen, nehmen
ihre Koffer, und sind wieder weg. Wir sind auch keine Gastgeber, die
sich besonders bemühen und was »zeigen«. Wir lieben Gäste, die sich
alles selber nehmen, wenn ich nicht da bin. Sie sollen sich wie zu
Hause fühlen, und ich möchte mich nicht verpflichten, besonders nett
zu sein. Meistens sind das tolle Leute, die ich sehr mag.

**Ich liebe es auch, wenn Leute bei mir einfach an den Kühlschrank
gehen.**

Andere Gäste lad ich nicht mehr ein.

**Wenn du größere Essen machst: Wie setzt du die Leute
zusammen?**

Also, sonntags ist oft bei mir ein volles Haus. Freunde von den
Kindern, die sind schon 30, 35, dann unsere Freunde, Kunden …
Und du kannst dir vorstellen, der Garten mit 30, 40 Leuten. Wir
kochen und grillen regelmäßig gemeinsam, das ist bei den Molchos

Tradition geworden. Dann sind wir meistens sechs, sieben Stunden im Garten. Wenn du es unkompliziert machst, fühlen sich die Gäste auch wohl. Jeder hilft mit, das ist einfach ein tolles Beisammensein. So musst du es dir bei uns vorstellen. Und manchmal tanzen wir danach, es ist eine schöne Tradition.

Das Thema Sitzordnung interessiert mich. Ich setze Paare zum Beispiel nicht gerne nebeneinander. Das wollen die aber oft.
Immer separat. Den Mann da und die Frau dort. Zusammen seid ihr eh das ganze Leben. Ich versuche immer zu kombinieren.

Hast du denn eigentlich immer Lust, zu kochen?
Nein.

Was sind das dann für Tage? Wachst du dann auf und merkst schon: Heute ist ein Tag, an dem ich nicht koche?
Ich habe ja ein tolles Team und bin nur von guten Köchen umzingelt. Unsere Kochschule musst du dir wie eine Werkstatt vorstellen. Wir kaufen ein, wir experimentieren. Und ich sag meine Meinung. Aber ich koche nicht jeden Tag. Und jetzt fahre ich erst mal zwei Wochen nach Griechenland zur Entschlackung, da werde ich nichts mit Kochen zu tun haben. Also, du brauchst immer eine Auszeit, und du brauchst auch immer eine Fastenzeit, um die Geschmäcker wieder zu fühlen. Ich mach das einmal im Jahr für zwei Wochen. Dann komm ich zurück und hab meinen Sinn für Geschmack wieder. Oder Ayurveda, oder in Österreich auf einer Alm. Immer Meditation, Yoga und Fasten.

… und bestimmt kannst du dann gut schlafen.
Schlafen kann ich nicht so gut. Ich hab so viele Sachen im Kopf …

**Sinngemäß sagtest du mal, der größte Horror für dich sei
Einsamkeit. Hast du Familienmensch dir das Alleinsein inzwischen
antrainieren können?**
Weil ich so viel mit Menschen zusammen zu tun habe, bin ich oft sehr
gerne allein. Genau wie ich jetzt zwei Wochen allein bin. Da werde ich
versuchen, nicht so viele Kontakte zu haben. Ich hab auch mal an einem
Schweigeseminar teilgenommen, wo ich fünf Tage nicht geredet habe.
Ich glaube, ich brauche diesen Ausgleich, je älter ich werde. Alleine mit
mir sein und nichts tun … nichts. Ich will dann auch nicht kochen, da
will ich nicht lesen, da will ich einfach blöd rumschauen und nix tun.

Du sitzt einfach …
… ja, du sitzt da und machst gar nichts. Weil ich so ein aktiver
Mensch bin, brauche ich diesen Ausgleich. Ich muss mir da auch
nichts beweisen.

**Ich habe sieben Jahre in der Gastronomie gearbeitet. Es gab
ein paar prägende Gerüche, zum Beispiel den der heißen Gastro-
Geschirrspülmaschinen. Aber natürlich auch schöne. Hast du
einen Lieblingsgeruch?**
Ich liebe den Geruch von Basilikum. Überhaupt von Kräutern, wenn
du sie in die Hand nimmst … oder Eisenkraut.

**Kommen wir mal zu deinen Büchern. Die sind groß, sie sind
schwer und beinhalten Rezepte dieser »orientalischen
Weltküche«, wie du sie einmal genannt hast, Super-Fusion-Küche,
mit vielen verschiedenen Einflüssen. Das Buch »Wien by NENI« ist
sogar ein Familien-Machwerk. NENI heißen eure Restaurants,
benannt nach den Anfangsbuchstaben deiner Kinder.**
Nuriel, Elior, Nadiv, Ilan … meine vier Söhne. Für das Projekt
»WIEN« trafen wir zwölf tolle Köche, die wir interviewen durften.
In dem Buch gibt's also nicht nur Rezepte, sondern auch die Geschich-

ten dazu. Nuriel hat die Fotos gemacht, Nadiv den Film, ich hab gekocht, und noch ein toller Einzelkoch hat mitgekocht. In Corona-Zeiten auf Distanz mit Maske. Das Buch hat eine besondere Energie, weil die Kinder in dieser Zeit bei uns gelebt haben. Das alles ist bei uns zu Hause entstanden, mit Feuer, mit Küche, mit allem.

Man bekommt heute so schönes Geschirr. Als ich jung war, gab es Oma-Geschirr mit Blümchen auf was Weißem, Porzellan, die Steingut-Sachen wirkten langweilig. Inzwischen gibt es so schöne Sachen, die auch erschwinglich sind. Eine gedeckte Tafel allein kann ja schon ein Kunstwerk sein. Wäre ich eine so ambitionierte Köchin wie du, hätte ich wahrscheinlich Schränke voller Geschirr.
Hab ich auch. Hab ich wirklich. Ich könnte dir jetzt stundenlang tolle Geschichten erzählen! Ein sehr wohlhabender Mann wollte für seine Freundin ein Fest machen, im Palais Schwarzenberg. Im ganzen Palais. Er sagte: Ich will eine weiße marokkanische Nacht. Und ich hatte in Frankreich ein Geschirr gesehen von Rina Menardi, einer tollen Keramikerin, Mutter von fünf Kindern, heute eine der Nummern eins in Keramik. Es war unbezahlbar ... ich rief ihn an, weil es hieß »Geld spielt keine Rolle« ...

Oh!!
Er wollte das Beste für seine Frau. Und so hab ich für 100 Leute eingekauft. Für 100 Personen in Wüstenfarbe. Zum Schluss hat er es mir geschenkt, weil er so begeistert war. Das hab ich bis heute, als Erinnerung, ein Schrank voller Menardi-Geschirr.

In der Generation meiner Großeltern standen die schönen Sachen im Schrank und wurden nur selten rausgeholt.
Ich benutze es, weil ich jeden Tag damit schön leben will. Ich kombiniere Sachen. Wieso nur einmal im Jahr, zu Weihnachten mit der Familie? Schönes Geschirr sollte man öfter verwenden.

Hast du dir selbst bestimmte Dinge angewöhnt oder abgewöhnt in deinem eigenen Ess- und Kaufverhalten?

Ja. Schau: Gott sei Dank koche ich immer frisch. Ich kaufe ganz selten Convenience, aber wenn ich Milch oder Gemüse kaufe, dann Biomilch und Biogemüse. Ich schaue, dass es nachhaltig ist. Meine Jungs haben den Wunsch, eine NENI-Farm zu machen. Das ist wirklich eine Vision, »more and more green«. In diese Richtung gehen wir.

Ihr habt in Rumänien Land gepachtet und baut euer eigenes Biogemüse an. Wenn Menschen anfangen, Essen selbst anzubauen und sich sozusagen aus der eigenen Manufaktur zu ernähren, dann entwickeln sie oft eine demütigere Haltung der Natur gegenüber. Hast du das bei dir beobachtet? Ist da etwas Spirituelles?

Ich würde es schon spirituell nennen. Wenn du Kinder auf die Welt bringst, dann zeig ihnen, wie man eine Tomate pflanzt, zeig den Prozess. Viele Kinder wissen ja gar nicht, wie was entsteht, das ist verrückt, absurd. Wenn du einen ganz kleinen Balkon hast und mit den Kindern etwas einpflanzt, bringst du ihnen diese Nachhaltigkeit bei. Zu wissen, wie etwas wächst. Das ist etwas sehr Spirituelles und sehr Schönes, und ich glaube, dass meine Jungs, wenn sie Kinder kriegen, genau das machen werden.

Man lernt, sich zu kümmern, Verantwortung zu übernehmen, ganz abgesehen davon, dass man auch noch einen Ertrag hat.

Das ist schon was ganz Tolles, das Beobachten.

Wir kommen zum Ende des Gesprächs und damit zum Dessert. Wie beendest du ein Mahl?

Man sagt ja immer: Das Letzte behältst du. Und ein Dessert ist genau das, was du mitnimmst. Wenn ein Dessert nicht gut ist, wirst du das ganze Essen vergessen. Das heißt: Das Dessert ist schon sehr wichtig.

Wir haben Knafeh – das habe ich aus Anatolien. Das kann man sich vorstellen wie Baklava. Außen mit weißen Fäden, »Engelshaare« sag ich dazu. Die reiße ich auseinander, karamellisiere sie und gebe drei verschiedene Käsesorten hinein. Sie kommen in den Ofen, Sirup dazu, Pistazien und ein selbst gemachtes Eis. Eine Delikatesse!

Mmmmh, lecker. Und was isst du gerne zum Dessert?
Sehr gerne Obst, obwohl das nicht so gut ist am Abend. Wenn ich Käse nehme, dann brauche ich auch Weintrauben und Nüsse. Wir zu Hause essen oft Käse, weil der Sami einen guten Rotwein mit Käse liebt … mehr sogar als etwas Süßes.
Wenn ich lange gesessen und alles genossen hab mit Freunden beim Italiener, würde ich ein gutes Tiramisu nehmen.

Wann ist es gut?
Wenn die Creme noch selber geschlagen wird in einem Wasserbad.

Und das schmeckst du raus?
Ja. Die wird richtig im Wasserbad aufgeschlagen, und nicht im Mixer. So ist sie viel cremiger, schaumiger. Eine Köchin schmeckt das.

Shakshuka mit Tahin und Kräutern

Für 6 Personen
Zubereitungszeit 45 Min.

20 g Knoblauchzehen | 20 g grüne Chilischoten | 2 Auberginen | 1,3 kg Tomaten | 3 EL Olivenöl | Salz | 6 Eier (M) | 4 EL gehackte Kräuter (Petersilie, Dill, Koriandergrün) | 5 EL Tahin (Sesampaste)

Außerdem:
1 Sauerteigbrot (ersatzweise Focaccia)

1. Den Knoblauch schälen und fein würfeln. Die Chilis waschen, halbieren, weiße Trennwände und Kerne entfernen. Die Hälften ebenfalls fein würfeln. Auberginen waschen und putzen, Tomaten waschen und die Stielansätze entfernen. Auberginen und Tomaten dann in grobe Würfel schneiden.

2. In einer Pfanne 2 EL Olivenöl erhitzen. Knoblauch, Chilis und Auberginen darin scharf anbraten, bis die Auberginen goldbraun sind. Die Tomaten zugeben und alles bei kleiner bis mittlerer Hitze in ca. 15 Min. cremig einkochen lassen. Die Soße mit 1 TL Salz würzen.

3. Mit einem Esslöffel sechs Mulden in die Soße drücken und jeweils 1 Ei hineinschlagen. Die Eier salzen (vor allem die Eigelbe) und abgedeckt bei kleiner Hitze 4–5 Min. garen, bis das Eiweiß stockt, die Eigelbe jedoch noch flüssig sind.

4. Die Shakshuka mit den Kräutern bestreuen, mit dem übrigen Olivenöl (1 EL) und mit Tahin beträufeln. In der Pfanne servieren. Das Brot in Scheiben schneiden und dazu reichen.

TIPP: Shakshuka schmeckt zum Frühstück, zum Brunch oder auch als echtes Hauptgericht. Dazu gibt es nichts Herrlicheres als frisch gebackenes Brot zum Dippen. Das Auftunken der würzigen Soße ist göttlich!

Barbara Schöneberger

Sie ist Entertainerin, Moderatorin, Schauspielerin und Sängerin, und weil das noch nicht reicht, gibt es auch eine nach ihr benannte Zeitschrift, die sich super verkauft: Barbara Schöneberger. In diesem Gespräch sollen ein paar weitere Facetten hinzukommen, denn sie ist sehr wohl auch Pausenbrotschmiererin, Hühnermutter und Pralinenhasserin. Als sporadischer Gast weiß ich, dass Barbara hervorragend kocht und eine extrem lässige Gastgeberin ist. Wie eine heitere, blonde Libelle sirrt sie gewohnt eloquent um reich gedeckte Tische, verschiebt prächtige Vasen mit opulenten Sträußen in eine millimetergenaue Symmetrie, zaubert aus dem Nichts noch Stühle für Überraschungsgäste und – ach, was nehme ich denn hier vorweg!

Erst mal Luft holen.

Ja, wir sehen uns nach längerer Zeit mal wieder und haben gerade gefühlt schon vier Stunden geredet, vielleicht waren es de facto anderthalb.
Ich habe keine Wörter mehr im Kopf. Ich kann dir nur noch Gerichte zubellen: Ravioli, Funghi.

Interessanterweise haben wir uns über alles Mögliche unterhalten, nur nicht über Essen. Ich habe dir Haferkekse angeboten, das war's aber auch schon.
Wir hatten kurz das Thema Cellulite gestreift, aber davon kamen wir schnell ab und haben uns den Themen »Männer« und »Gleichberechtigung« zugewandt.

Wenn du, liebe Barbara, was Gott verhindern möge, eine Kontaktanzeige aufgeben müsstest – Du bist glücklich. Ihr seid eine glückliche Familie. Du hast einen ganz tollen Mann – aber versuche hier bitte mal zu abstrahieren …
Kann ich. Das kriege ich hin. Fällt mir total leicht.

… wenn du dich darin beschreiben müsstest, in wenigen Sätzen, würde das Wort »Essen« darin vorkommen?
Es *müsste* darin vorkommen, alles andere wäre wahrscheinlich stark verstörend für jemanden, dem ich dann beim … Es würde ja zum Treffen kommen. Dafür würde ich durch die Art des Fotos, das ich beilege, sorgen. Darauf wären sexuelle Verfügbarkeit, aber auch ein selbstbestimmtes Leben perfekt vereint.

Wie genau sähe dieses Foto aus?
Hm, vielleicht würde mir die eine Seite des T-Shirts über die Schulter rutschen. Wobei – inzwischen ist vielleicht ein Rolli besser. Also egal!

Ich würde auf jeden Fall mit dem Gesichtsausdruck versuchen, alles zu zeigen, was ich habe, und auch das Wort »Essen« in der Anzeige erwähnen. Sind nicht gerade in Bekanntschaftsanzeigen Formulierungen wie »Ich bin Genießer« oder »Ich bin ein Schleckermäulchen« zu finden? Ganz schlimm. Aber klar, dem Genuss müsste schon in irgendeiner Form Rechnung getragen werden. Essen ist so sehr an Gemütlichkeit, Geselligkeit und Sinnlichkeit gekoppelt! Für mich ist nichts ohne Essen vorstellbar. Eine Wanderung ohne anschließendes Picknick erscheint mir absolut sinnlos. Ein Dinner zu zweit ohne ein ausgiebiges »Wir lassen es richtig krachen« wird nicht stattfinden. Ein Tag mit den Kindern, an dem ich denen nicht 14-mal beschrieben habe, was ich später noch koche und was wir essen werden – so einen Tag gibt es in meinem Leben nicht.

Genuss und Quantität sind ja nicht aneinandergekoppelt. Bist du jemand, der Maß halten kann und dem beispielsweise ein Stück Schokolade reicht?

Lustig – ich hoffe, ich verbau mir jetzt nicht die lukrative Kooperation mit einem Schokoladenhersteller –, aber beim Thema Schokolade … Frauen, die bei Schokolade *schwach werden*, sind für mich ähnlich schlimm wie Frauen, die sich zum Proseccoabend mit anderen Frauen treffen.

Verstehe, auch als »Mädelsabende« bekannt.

Uargh, ich darf nichts gegen Mädelsabende sagen, eine sehr unterhaltsame Rubrik in meiner Zeitschrift trägt diesen Namen. Aber tatsächlich ist dieses »Wir treffen uns und essen mmmmh Schokolade, die auf der Zunge schmilzt, und dann genieße ich das so« – ein fürchterliches Klischee. Oder auch, als Frau immer Konfekt geschenkt zu bekommen! Es gibt tatsächlich Leute, die mir Pralinen schicken, weil ich ja so sehr für Genuss stehe. Ich stell mir dann immer vor, dass der sich vorstellt, ich würde ein sehr enges Kleid ohne BH tragen und mir eine seiner

Pralinen in den Mund stecken. Und sofort finde ich diesen Menschen abstoßend. Wahrscheinlich hat mir das nur die Sekretärin geschickt. Trotzdem. Ich denke mir dann: »Ich stehe nicht ohne BH in meinem Kleid hier und fresse diese scheiß Pralinen, du Sau.« Aber wie gesagt, dieses Frauen-Ding »Oh, bei Schokolade werde ich schwach, da kann ich nicht nur *ein* Stück essen« ist nicht meins. Ich gehöre auch eher zur Chips-Fraktion. Ohne jetzt zu viel zu verraten, aber es gab mal einen Mann, der mir sagte: »Am ersten Abend, da konnte ich mit dir irgendwie nicht weitergehen, weil du die ganze Zeit Chips gegessen hast. Alles an dir roch nach diesen Paprikachips.« Und ich hatte das für so kumpelhaft gehalten. »Weißt du, ich lieg zwar hier wie ’ne Venus und habe nur wenig an. Aber schau, ich bin irgendwie eine von euch, so ein Kumpeltyp. Ich esse die ganze Zeit Chips und kümmere mich nicht mal um meine Figur.«

Es ist wirklich ein lustiges Bild, wie du da ständig in die Chipstüte greifst. Allein schon das Geräusch! Das ist jetzt tatsächlich nicht das Sinnlichste, was ich mir vorstellen kann in so einer Situation.
Nein, das muss ich einräumen. Wie könnte man es denn anstellen?

Vielleicht, indem man mit perfekt manikürten Fingern in Erdnuss-Schüsselchen greift.
Nee, Erdnüsse sind auch irgendwie doof. Es muss etwas sein, woran man lutschen kann. Was könnte das sein? Oder statt in kleine, geschnittene Sticks gleich lasziv in eine ganze Gurke beißen und ihn dabei so angucken. Hat sich eigentlich schon jemand auf meine Kontaktanzeige gemeldet?

Noch mal zurück zu deinem Triggerthema Konfekt. Kannst du mir erklären, warum die Beschreibung der Pralinen bis zum heutigen Tag auf dem *Boden* der Schachtel abgedruckt wird? Du guckst auf die Auswahl und hebst umständlich den Karton hoch, um zu

schauen, was da drin ist. Orangenmarzipan. Aha. Ohne dieses Druntergucken geht es nicht. Warum finden wir die Pralinenbeschreibung nicht im oberen Teil der Schachtel, den wir eh abnehmen?

Es ist mir wirklich ziemlich egal, weil ich keine Pralinen esse. Diese Dinger nerven mich, weil man nie weiß, was drin ist. Jedenfalls ist nie das drin, was ich mag.

Und Weihnachtsmänner, Osterhasen?

Diesem armen Viech die Ohren abbeißen oder dem Nikolaus die Mütze, und alles bröselt in zerrissenem Alu vor sich hin. Wenn es nicht spießig wäre, würde ich allen Leuten sagen: »Bitte den Kindern keine Osterhasen schenken.« Aber das darf man natürlich nicht.

Deine Kinder bekommen wahrscheinlich sonst nur traurige Reiswaffeln.

Genau! Mein Sohn hat letztens zu mir gesagt: »Bitte nicht so einen Bioscheiß.« Ich bin da ganz seiner Meinung. Chips und Süßigkeiten bloß nicht aus dem Biomarkt. Jaja, ich lese dann von »wertvollem Kakao« und »100 Prozent ohne Geschmacksverstärker«. Also wenn ich schon was möchte, dann aber auch die volle Süße und Zucker und ruhig auch ein bisschen Chemie, eine Mischung, die sich sozusagen wie eine Explosion in meinem Mund ausbreitet. Auch bei Chips. Wenn da gesundes Fett ist, in dem die gebrutzelt wurden, dann ist es nicht das, was ich mir von Chips verspreche. Wenn ich schon Chips esse, dann will ich auch den Geschmacksverstärker und die Konservierungsstoffe und dann soll da alles drin sein, was es zu einer echten Sünde macht.

Bist du in deiner Unvernunft so vernünftig, nur eine halbe Tüte Chips zu essen?

Darin bin ich nicht so gut. Aber weißt du, was meine größte Leidenschaft geworden ist? Diese Lakritzekugeln, die es jetzt überall gibt. Da vergesse ich mich. Eine Besser-Verdiener-Süßigkeit mit Goldüberzug, sehen aus wie Badeperlen, die wir früher im Body Shop gekauft haben. Die warf man ins Badewasser, wo sie sich auflösten. Ich habe mich noch nie für Lakritze interessiert, aber diese Kugeln gibt es zum Beispiel mit Mango, dann schmecken sie ein bisschen salzig und süß und säuerlich. Man bekommt sie in kleinen Packungen, die wahnsinnig viel Geld kosten, und ich muss mich zurückhalten, um sie mir nicht einfach in den Mund zu schütten.

Gehen wir mal davon aus, dass das jetzt der Startschuss für den neuen Werbevertrag war.

Absolut. Es ist zwar auch Schokolade involviert, aber nicht in dem Maße, dass daraus so eine weibliche »Ich kann nicht widerstehen«-Geschichte werden würde.

Was wurde zu Hause gegessen, als du noch Kind warst? Wer hat bei euch gekocht?

Also meine Normalität, damals wie heute, ist die deutsche Mittelstandsfamilie. Meine Mutter war zu Hause, mein Vater ist Musiker, und wir hatten keine Sorgen, uns ging es bestens. Ich wurde 1974 in München geboren, und als ich sechs war, zogen wir in einen Vorort. Meine Mutter kochte so, wie sich alle ihre Kindheit vorstellen. Nicht etwa diese berühmten fünf Gerichte, die in unterschiedlicher Abwechslung immer wieder drankommen – es gab gefühlt jeden Tag was anderes. Und wenn ich es mit »gut bürgerlich« beschreibe, dann meine ich nicht die schweren Soßen und viel Fleisch. Damals gab es ja bereits italienische Einflüsse. Meine Mutter hatte die Zeitschrift *Essen und Trinken* abonniert, und wenn die kam, saß sie richtig aufrecht davor. Sie sortierte die Rezepte in mehreren Schubern im Schrank und besitzt bis heute einen dieser Ordner mit ausgerissenen Seiten. Die sind wahnsinnig klein bedruckt und recht unvorteilhaft gelayoutet, man kann sie kaum als Rezept erkennen. Auch die Fotos haben nicht immer so schön ausgesehen, wie das heute der Fall ist. Jedenfalls belegte sie bei Paul Bocuse oder Witzigmann Kochkurse – was ganz lustig war, weil die anderen Kinder dann zu mir sagten: »Ach, kann deine Mutter nicht kochen?« Meine Mutter kochte hervorragend, sie stieg damit wirklich in die Haute Cuisine ein. Wenn meine Eltern Gäste hatten, gab es manchmal bis zu zehn Gänge, was natürlich in einen totalen Stress-Wahnsinn ausartete. Die Gäste saßen unten zu Tisch, und meine Mutter drehte in der Küche völlig durch mit Soufflé, mit Schäumchen, mit Schlagen, und ich durfte nichts machen, sie bellte mir nur irgendwelche Kommandos zu, und ich musste die Teller runtertragen. Für Essen wurde Geld ausgegeben, sie kochte auch immer frisch. Und es ist bis heute so, wenn ich zu meinen Eltern fahre und das tue, was alle Kinder tun, nämlich sofort zum Kühlschrank laufen, dann ist es immer noch so wie früher, weil darin auch einfach immer noch andere Sachen stehen als bei uns zu Hause.

Zum Beispiel?

Wir essen und kochen anders als meine Eltern. Bei meiner Mutter gäbe es zu den Erbsen »ein schönes weißes Sößchen«. Da würde jetzt mein Mann zu Hause sagen: »Sag mal, spinnst du, so eine Soße an die Erbsen zu machen, ist doch total ungesund.« Wir sind schon so »bio-isiert«. Es gibt ja gar keine Ausreißer mehr, nur Olivenöl, nie eine Sahnesoße. Das habe ich aus meiner Küche herausgestrichen.

Warum?

Weil ich einfach extremst arabisch und mediterran koche. Dieses Deutsche liebe ich auch sehr, aber ich würde es selber so nicht machen. Es ist etwas total anderes, wenn ich in den Kühlschrank meiner Eltern gucke. Da liegt dann zum Beispiel eine Art Scheiblettenkäse. Wie toll für mich, den dort zu essen, ich zerreiße diese Quadrate, groß wie eine Scheibe Toast, mit den Fingern. Einmal sagte ich zu meiner Mutter: »Wir kaufen so was nicht. Da ist weder Milch drin noch Käse. Da ist bestimmt gar nichts von der Kuh drin.« Wir schauten auf das Etikett und fanden die üblichen Inhaltsstoffe, wie in einem normalen Käse auch, aber allein schon durch diese bunte Verpackung wirkt es anders. Meine Eltern kaufen für die Kinder immer eine bestimmte Salami, eine bestimmte Marmelade und ein bestimmtes Brot. In rauen Mengen bringen sie das alles mit, wenn sie uns besuchen kommen. Meine Kinder denken, diese Marmelade und diese Salami gibt es nur da, wo meine Eltern wohnen. Der Schock der beiden war riesig, als sie die Salami und die Marmelade bei Edeka sahen, hier in Berlin. »Mama, schau, die Oma-Marmelade! Wusstest du, dass sie das hier verkaufen?« Ich so: »Ja, das wusste ich.« »Warum kaufen wir die nie?« »Äh, weil da 90 Gramm Zucker pro 100 Gramm drin sind«, und meine Mutter: »Ja, aber deswegen schmeckt sie auch so gut.«

Einmal bereiteten wir Erdbeeren zu, meine Mutter hat sie geschnitten und Zucker drübergestreut. Ich zu ihr: »Mama, machst du Zucker über die Erdbeeren?« Und sie: »Ja, natürlich«, und ich wieder: »Aber du kannst doch keinen Zucker über die Erdbeeren machen.« Sie sah mich an und sagte: »Barbara, ich mache dir seit 45 Jahren Zucker über die Erdbeeren, und es hat dir nicht geschadet. Im Gegenteil.« Und dann denke ich mir immer: Lustig, wir Eltern sind schon so gebrainwashed von alldem, auch durch Kindergarten, durch Schule. Du musst ja so darauf achten, was du dorthin mitbringst! Es war mal ein KitKat in der Jacke meines Sohnes. Da rief mich jemand aus dem Kindergarten an, ich fühlte mich richtig kriminalisiert. »Frau Schöneberger, ich muss kurz mit Ihnen sprechen. Wir haben bei Ihrem Sohn ein KitKat gefunden. Ich weiß jetzt natürlich nicht, wie das da reingekommen ist, aber ich möchte Sie noch mal dringend bitten, darauf zu ach ten …« Ich so: »Was?! Das kann ich mir gar nicht erklären!« Ich habe mich gefühlt, als hätte der in der Kindergarderobe eine Schnellfeuerwaffe im Anschlag gehabt. Einmal brachte ich Muffins mit, da wurde dann gesagt: »Wenn's geht, nicht mit so viel Schokolade.« Das war um die Osterzeit, ich hatte weiße Schokolade grün eingefärbt. Natürlich kam die Frage: »Was haben Sie denn da auf den Muffins drauf?« Sage ich: »Das ist Avocadocreme.« »Frau Schöneberger, Sie sind ein Schatz, das ist super für die Kinder!« Ja, ist klar. Super für die Kinder. Welcome to the reality of the kindergarden!

Bevor du Mutter wurdest, hast du dich ja auch schon mit Ernährung beschäftigt. Wann und wodurch ging das los?
Über meine Mutter, die ihr Leben lang unzufrieden war mit ihrer Figur. Rückblickend würde sie sagen, dass sie mit 40 eine Spitzenfigur hatte und mit 50 auch und mit 30 eigentlich auch. Aber sie war immer unzufrieden und wollte immer dünner sein. Meine Mutter machte jede mögliche Diät, von Weight Watchers bis hin zu Robert Atkins. Kennst du die Atkins-Diät noch?

Ja, hat meine Mutter auch gemacht.
Auf dem Buchcover stand ein Mann in einer riesigen Hose und hielt den viel zu weiten Bund von sich weg. Atkins propagierte, man solle nur Fleisch mit Schlagsahne essen, und starb dann später an Herzverfettung, was erst mal aus der Presse rausgehalten wurde. Meine Mutter jedenfalls aß jahrelang nur Toastbrot mit Grapefruit am Morgen und so was. Ich kenne seit dieser Zeit von nahezu jedem Lebensmittel die Kalorienangabe. Ich weiß immer, was 100 Gramm von irgendwas an Kalorien haben, theoretisch beherrsche ich das alles. Praktisch kann ich mich null kontrollieren. In einigen Phasen meines Lebens geht es ein bisschen besser, dann ziehe ich es durch. Ich habe alles drauf, ich weiß alles und lasse es mir doch immer wieder so verkaufen, als gäbe es jetzt neue Erkenntnisse. Faktisch weiß doch jeder, was zu tun ist. Aber

für mich ist nicht nur Essen, sondern eben auch Kochen zum wichtigen Bestandteil meines Lebens geworden. Deswegen ist es wahnsinnig schwer, sich davon fernzuhalten. Und natürlich habe ich heute größere Probleme, meine Figur zu halten, als vor 20 Jahren.

Ich wollte nur darauf hinaus, dass es immer schon möglich war, sich richtig oder falsch mit Ernährung auseinanderzusetzen. Ich erinnere mich daran, mir früher Snickers in mikroskopisch kleine Teile geschnitten zu haben, um möglichst viel davon zu haben. Ich wusste, das hat 500 Kalorien, und um die zu verbrennen, müsste ich das und das so und so lange machen. Und dann hast du die mikroskopisch kleinen Teile alle innerhalb einer halben Stunde gegessen.

Ja, natürlich – wie bescheuert! Du sagtest vorhin, als wir über dein Elternhaus sprachen: »ich habe das alles runtergetragen.« Wohin denn runter? Küchen sind ja häufig im Erdgeschoss. Meine Eltern lebten in einem recht kleinen Haus, einer typischen 80er-Jahre-Doppelhaushälfte. Dort unten, wo bei all unseren Nachbarn, die die gleichen Häuser besaßen, der Tischtenniskeller war, der Hobbyraum oder die Bar, hatte sich meine Mutter ein Esszimmer à la Schloss Linderhof eingerichtet. Neben der Küche befand sich unser Essplatz, wo wir auch immer saßen. Wenn jedoch Gäste kamen, gab es unten das halb unter der Erde liegende, wie auch immer geartete Esszimmer, in das meine Mutter all ihre Liebe und Dekorationskraft einbrachte. Ihre Lust am Porzellankauf ging auf mich über, wobei ich zum Glück über mehr Platz verfüge, um es abzustellen. Den praktischen, zurückhaltenden Scandi-Schick konntest du bei uns nicht finden, wir hatten's richtig opulent. Die Tische bogen sich. Aber das Ganze im Rahmen eines 80er-Jahre-Doppelhauses mit insgesamt 98 Quadratmetern Wohnfläche. Meine Mutter war nur mit Mühe davon abzubringen, neben den Eternitplatten, die an der Seite des

Hauses befestigt waren, noch dorische Säulen anzubringen, und mein Vater: »Ja, aber Annemarie …« Schließlich entschied sich meine Mutter eisenhart für eine venezianische Balustrade. Sie hat immer richtig Gas gegeben, und deswegen haben wir bei uns auch so unendlich viel Geschirr und Tässchen und Besteck. Sie sagt mir immer: »Hier, gehört alles dir.« Ich bin ja Einzelkind. Was Geschirr angeht, bin ich echt eine gute Partie, denn vom Besteck über Fischplatten bis hin zu Steakmessern wird alles irgendwann mal in meinen Besitz übergehen.

Hast du jetzt auch schon was übernommen?

Wenn ich zu meinen Eltern gehe und sage: »O Mama, das ist schön«, sagt meine Mutter: »Freut mich, denn vor zehn Jahren hat's dir noch nicht gefallen. Kannst es gleich mitnehmen.«

Und schon hat sie wieder mehr Platz. Habt ihr denn als Familie regelmäßig zusammen gegessen?

Immer mittags. Abends dann, wenn mein Vater als Musiker mal nicht in der Oper arbeitete. Und wir, meine Kinder und mein Mann, essen auch jeden Tag zusammen Mittag und Abend, wenn es irgendwie geht. Ordentlich mit Serviette auf dem Schoß, mit schön gedecktem Tisch, Gläsern, Kerzen und Blumen auf dem Tisch. Die Salami aus dem Plastik aufs Brot klatschen und so ist nicht. Jeden Morgen wird alles aufgeschnitten und gedeckt. Wie bei meinen Eltern, die frühstücken jeden Morgen wie im Hotel. Da wird alles aufs Tellerchen gelegt und schön gemacht, die Marmelade kommt in die dazugehörigen Porzellanschälchen. Ich habe das so übernommen und finde es auch wichtig, weil ich weiß, wenn ich alleine wäre und keine Familie hätte, würde ich wahrscheinlich immer im Stehen neben dem Kühlschrank aus der Packung essen.

Gab es Regeln früher bei Tisch?

Na ja, ich war echt ein braves Mädchen. Ich kam aus der Schule und stieg um 13 Uhr 32 in die S-Bahn. Um 13 Uhr 55 war ich zu Hause, um zwei am Mittagstisch. Im Radio lief Bayern 3, Thomas Gottschalk übergab an Günther Jauch. Die Welt war in Ordnung, ich aß Spinatpüree und Eier. So, und das war einfach super. Genauso würde ich es an meine Kinder am liebsten auch weitergeben, diese Stabilität. Dass die zur Tür reinkommen, da ist jemand. Ich finde es übrigens toll, wenn es nach Essen riecht. Daher verstehe ich auch nicht, warum viele Leute für 8000 Euro eine Dunstabzugshaube kaufen. Es gibt nichts Schöneres, als wenn du schon am Tor riechst, dass jemand Zwiebeln mit Brühe, Knoblauch und Olivenöl macht.

Als Kind hattest du es nicht leicht. Neben einer Außenspange musstest du eine dicke Brille tragen und hast geschielt.

Ja, starke Kurzsichtigkeit schon mit drei, was heute überhaupt kein Problem mehr ist. Wenn ich kleine Kinder mit Brille sehe, dann geh ich immer hin und küsse die fast, weil ich das süß finde. Aber damals war so eine Brille echt doof. Meine Mutter sagte mir immer: »Barbara, irgendwann wirst du die Allerallerschönste.«

Die Brille ist das eine, aber eine Außenspange! So etwas sieht man heute kaum noch, das wird wahrscheinlich chirurgisch inzwischen ganz anders gemacht.

Ich glaube, die machen nur noch feste Spangen, und ich hatte eben eine lockere. Aber ich trug eine Schnalle um die Backenzähne, so ein Scharnier, da ließ sich eine Spange einhaken. Die zog das dann irgendwie nach außen, wie so einen Fliegerhelm, weißt du, wie eine alte Ledermütze über dem Kopf. Ich hatte damals eigentlich schon ganz schöne Haare, aber ich war 14 und tierisch verunsichert. In der Schule musste ich dieses Ding zum Glück nicht tragen. Aber wenn ich beim Kieferorthopäden war, reichte es schon, im Wartezimmer zu sitzen mit anderen 14-Jährigen, die alle coole feste oder rausnehmbare Spangen hatten, und ich trug dieses Ding auf dem Kopp, das war so grauenvoll. Über den Haaren! Heutzutage wird alles korrigiert. Ich mag ja eigentlich Zähne, die ein bisschen schief sind.

So wie du sie beschrieben hast, kann deine Mutter wirklich gut mit Essen umgehen und hat offenbar auch dir eine große Freude daran vermittelt. Hast du bei ihr kochen gelernt?

Nein, als Einzelkind benahm ich mich maximal uninteressiert an allem, was in irgendeiner Form im Haushalt stattfand. Ich zeigte mich auch absolut nicht kooperativ. Wenn meine Mutter sagte: »Bringst du bitte noch den Müll raus«, legte sich ein schwarzes Tuch über mein Leben, und ich war den ganzen Nachmittag über in einer Depression. Ich dachte nur: »O Gott, ich muss gleich noch den Müll rausbringen.« Wirklich. Was den Aufwand betrifft, hätte ich auch einfach den Arm aus der Haustür strecken müssen, dann wäre ich fast bis zum Müllhäuschen gekommen. Es hat mich so gestresst. Wenn ich heute zu meinen Kindern sage: »Könnt ihr bitte den Hühnerstall zumachen«, sagen die auch gleich »Och nee!«. Ich zeigte damals an nichts Interesse. Und beim Kochen, das meine ich überhaupt nicht vorwurfsvoll, ist meine Mutter eine absolute Macherin. Zwei Alphatiere in der Küche – das funktioniert irgendwie nicht. Unsere Küche zu Hause ist miniklein, und meine Mutter war die Herrin der Küche. Lustigerweise ist sie das bis heute. Ich habe in der Küche meiner Mutter noch niemals irgendwas gekocht, wohingegen ich bereits am ersten Wochenende in der Küche meiner Schwiegermutter ein dreigängiges Menü gemacht habe. Ich kochte schon überall, in allen anderen Küchen, bei Freunden, überall, aber bei meiner Mutter zu Hause noch nie. Bis heute! Wenn ich in die Küche gehe, steht sie sofort hinter mir, als hätte ich den Atem des Todes im Nacken, und sagt: »Was machst du da?« Nein, aber so was wie »Jetzt lass, das mache ich doch. Setz dich hin«. Das ist wohl einfach die gelernte Aufteilung, und es wird nie, nie, nie so sein, dass ich in der Küche stehe und meine Mutter am Tisch sitzt. Umgekehrt ist es auch so. Wenn meine Eltern kommen und ich koche, steht mir meine Mutter mehr oder weniger gegenüber und scharrt mit den Hufen, weil sie es eigentlich selbst machen will.

Darf sie nicht? Von der Größe deiner Küche her wäre es ja kein Problem.
Doch, natürlich, jeder darf mitmachen. Ich denke, es ist eher das eigene Tempo, die eigenen Abläufe, die man gerne beibehält. Das geht mir genauso, wenn Leute sagen: »Wir kochen dann zusammen, ja?« Also, ich koche nicht zusammen, ich koche alleine.

Ich weiß noch, wie sehr mich die Lässigkeit beeindruckte, die du als Gastgeberin an den Tag legtest, als wir uns vor ungefähr 20 Jahren kennenlernten. Wir waren uns gerade zum ersten Mal begegnet, und ich wurde recht zeitnah zum Essen eingeladen, was mir gefiel. Du bringst an solchen Abenden immer interessante Personen zusammen. Nie wirkst du gestresst oder nervös. Scheinbar entsteht das Essen, während die Gäste langsam eintrudeln, aber es geht dann immer recht fix, das finde ich wichtig.
Das habe ich mir wirklich anerzogen in Erinnerung an zwei Events in meinem Leben. Einmal mein 30. Geburtstag in Berlin. Ich hatte damals eine riesige Wohnung und lud einfach Gäste ein, ohne zu wissen, was es bedeutet, so eine große Party zu machen. Es kamen ungefähr 120 Leute, ich hatte indisches Essen vom Caterer besorgt, alle standen irgendwie rum, und ich habe mich mit niemandem unterhalten. Ich aß nichts, führte kein einziges Gespräch, rannte aber hin und her, um Aschenbecher auszuleeren und Handtücher unter Leute zu schieben, damit sie, grob gesagt, kein Bier verschütten. Ich habe um Leute herumgewischt, »Tschuldigung, darf ich mal kurz«. Am nächsten Morgen lagen da immer noch drei Typen im Wohnzimmer rum,

»Geile Party« und so. Ich hatte nichts mitgekriegt. Bei meiner nächsten größeren Party ging es mir ähnlich, und danach habe ich mich gefragt: Wie will ich sein? Das gilt bis heute. Für mich ist zum Beispiel kochen oder Essen machen gar nicht so der Punkt, sondern ich will Gastgeber sein. Für mich ist der ideale Gastgeber, und ein solcher bin ich ja auch auf der Bühne, jemand, für den ich nicht mitleiden muss. Ich bin total gestresst, wenn ich zu Leuten nach Hause komme, die mir das Gefühl vermitteln: »Scheiße, ich habe mich völlig verschätzt. Ich muss in die Küche, aber eigentlich will ich bei den Gästen sein.« Ich mag es auch nicht, wenn ich im Zuschauerraum sitze, und der Gastgeber der Show sagt: »Oh, ich bin total aufgeregt.« Das will ich nicht hören, das will ich nicht sehen. Ich wünsche mir einen entspannten Gastgeber. Und dieser Profi-Gastgeber bin ich, weil ich einfach so wahnsinnig viel veranstalte, denn das ist für mich mein Leben. Das ist für mich das, was es ausmacht. Ich möchte mit vielen Menschen um einen Tisch sitzen, und ich will selber kochen. Heute bestell ich halt nicht mehr beim Inder. Okay, für 120 Leute war es fair.
Wenn ich für 25 Leute Essen mache, dann koche ich eben den ganzen Tag. Natürlich höre ich: »Es ist doch dein Geburtstag!«, aber ich kann mir nichts Schöneres vorstellen. Was sollte ich denn tun? Den ganzen Tag geschminkt vorm Telefon sitzen und auf Anrufe warten? Nein. Lieber kaufe ich morgens ein, gehe wieder nach Hause und lege los. Ich mache mir schöne Musik an und koche. Dann decke ich den Tisch, stelle die Blumen und Kerzen hin und bereite die Drinks vor. Zum Schluss brennt noch der Kamin. Mal mache ich Büfett in der Küche und mal gesetztes Essen. Und das ist mein Leben.

Es macht immer Spaß, Menschen dabei zu beobachten, wenn sie in ihrem Element sind. Damit geht eine bestimmte Leichtigkeit einher, die der eine hat, der andere nicht. Nimm das Arrangieren von Blumen als Beispiel. Du legst verschiedenen Personen dieselben 20 Stängel hin. Die einen schaffen es, einen schönen

Strauß zu binden, bei den anderen kippt alles auseinander oder beugt sich traurig über den Vasenrand.

Ich bin nicht ehrgeizig, überhaupt nicht. Aber vor mir selber möchte ich bestimmte Dinge einfach hinkriegen. Dazu gehört es, so ein Essen zu schmeißen. Inzwischen weiß ich eben: Der Braten braucht so und so lang, den Fisch muss ich so und so vorbereiten. Es kam vor, dass Leute in die Küche schauten und ein bisschen Schiss bekamen, weil sie dachten: »O nein, die hat noch gar nicht angefangen.« Aber da steht ja der Fisch schon im Ofen, die Kartoffeln sind gekocht, werden später kurz in Dillbutter geschwenkt, und die kleinen anderen Sachen sind fertig. Es ist alles da. Und das habe ich echt perfektioniert, weil ich eine gute Gastgeberin sein wollte. Ich trinke ganz wenig Alkohol. Wenn ich Gäste habe, passiert Folgendes: Feuer brennt, Musik ist an, kurz bevor die Ersten kommen, nehme ich mir einen Gin Tonic. Dann mache ich die Tür auf und fühle mich manchmal wie 100 Jahre zurückversetzt. Kann auch sein, dass ich zum Beispiel drei Zigaretten rauche, weil es in diesem Moment einfach zum Lifestyle passt. Ich stehe also da, zieh mir dieses scheußliche Zeug rein und denke: »Warum machst du das?« Wenn meine Kinder vorbeigehen, verstecke ich die Zigarette, gebe sie schnell jemandem in die Hand oder sage: »Die halte ich nur für Hanna.« Und dennoch gebe ich mich dem so hin. Dann gehe ich in die Küche, dreh hier was hoch und stell da ein bisschen was an, und im Ofen ist alles fertig. Diese Lässigkeit, die gönn ich mir, weil ich einfach an diesem Abend teilnehmen will.

Gab es Abende, an denen es mal schiefgegangen ist?

Nein, ehrlich gesagt *kann* es nicht schiefgehen. Man müsste Zutaten schon bei 240 Grad für drei Stunden im Ofen lassen. Ich koche nicht nach Rezept, aber ich kaufe Kochbücher. Ich habe erst letztens drei oder vier Kochbücher bestellt von einer Französin, die sah so schön aus, wie sie die Artischocken hielt! Ich dachte mir: »Ich werde verrückt, das muss ich kaufen.« Es ist teilweise auf Französisch, manches auf Englisch. Und da dachte ich mir, das lese ich doch nicht! Ich lasse mir doch von der blöden Kuh nicht vorschreiben, wie viele Messerspitzen Salz ich ins Essen mache, ich koche doch nicht nach deren Rezepten. Aber ich gucke mir an, wie sie da steht in dieser groben Leinenschürze, mit Artischocken oder einem Bund roter Rüben, den sie sich über den Arm geworfen hat, und denke mir: »Ja! So will ich auch sein.« Manchmal reicht auch ein Foto und ich habe sofort eine Idee, »Ach, ich weiß, was ich mache.« Beim Blick aufs Grundrezept lasse ich mir »einen halben Liter Milch« noch gefallen, aber wenn da steht »125 Gramm Roggenmehl« werde ich sauer, weil ich mir denke: »Was bilden die sich eigentlich ein?« Das entspricht schließlich auch nicht meiner Art zu leben. 125 Gramm. Ich werde schon verrückt, wenn es beim Corona-Test heißt: »Tröpfeln Sie drei Tropfen auf das Testfenster.« Ich mache das einfach irgendwie, und dann sagt mein Mann: »Nein, drei Tropfen«, und ich: »Das ist doch scheißegal.« Kleine Maßeinheiten sind nichts für mich, ich bin fürs Grobe, weißt du? Ich glaube, wer mich kochen sieht, könnte Angst bekommen. Ich bin irrsinnig schnell. Und ich krieg auch die Motten, wenn ich mit jemandem koche, der Tomaten in gleich große Stücke schneidet. Anschließend werden sie ja eh verkocht. Ich zaubere. Ich schwöre dir, wenn du sagst: »Auf die Plätze, fertig, los«, koche ich dir innerhalb von 35 Minuten ein Essen für zehn Personen, die hinterher sagen: »Wow.« Zudem bin ich gästegeil, ich bin total wild auf viele neue Leute. Am liebsten würde ich noch Menschen von der Straße reinholen. Es können nicht genug Leute am Tisch sein. Was dieses Thema angeht, bin ich fast exzessiv.

Ich kenne vier deiner Küchen, alle waren »offen« im Sinne von Platz, es sind immer große Räume.

Mein eigentlicher Traum ist es, mal ein Haus zu besitzen, das nur aus Küche besteht. Etwas anderes brauche ich nicht. Ich wünsche mir eine riesige Küche mit einem riesigen Tisch und am Ende irgendwo ein

Sofa, aber ich brauch dieses »Wir gehen in dieses Zimmer und dann ins nächste« nicht. In vielen großen Häusern gibt es eine Bibliothek und einen Flügel und so – das interessiert mich alles überhaupt nicht. Ich will eigentlich nur noch eine Küche haben und einen langen Esstisch, das ist das Wichtigste. Ich habe mir so einen mal bauen lassen. Als wir ihn nicht mehr brauchten, konnte der nirgendwo anders hin. Wir mussten ihn sozusagen wie eine steif gefrorene Leiche anheben und bekamen ihn gerade noch so über eine Balkontür in den Garten. Da stand er dann. Um diesen geliebten Tisch wieder in Aktion zu bringen, bauten wir für ihn ein Gartenhaus. Wir brachten es nicht übers Herz, den wegzugeben, und in den Keller konnten wir ihn nicht stellen, weil er so groß war, der ging um keine Ecke rum. Ich muss mich so zurückhalten, nicht ständig Tische zu kaufen, weil sie für mich klar symbolisieren »Wir sind zusammen, alle können da sein, es passt immer noch ein Stuhl hin, und alle essen mit«. Für mich ist es das Schönste, wenn Kinder zu Gast sind und meine Schwiegereltern, die Nachbarn, und dann kommt der Klavierlehrer und setzt sich auch noch dazu. Alle sitzen um den Tisch, und jeder kriegt ein kleines Tellerchen und isst irgendwie mit.

Sehr italienisch.
In mir steckt ein Italiener. Wann habe ich diesen Satz zuletzt gesagt?

Das weiß ich nicht. Aber es erinnert mich an etwas. Meine Mutter war ziemlich temperamentvoll, mein Vater hingegen eher introvertiert. Sie wollte feiern, er wollte lesen, und offenbar spürte er ihre Enttäuschung. Jedenfalls sagte Walter Rust, so erzählte sie es mir später: »Christel, ich bin kein Italiener.«
Ein Satz, der häufig gesagt wurde, glaube ich.

Ja, vielleicht. Gut, kommen wir zur überflüssigsten Anschaffung der Welt. Besitzt du Apparate, bei deren Kauf du dachtest: »Wenn

ich das erst mal habe, dann mache ich mir jeden Morgen einen Drink aus Weizengras«?

Nein, so was gibt es nicht. Eine befreundete dänische Sporttrainerin kam drei- bis viermal die Woche zu mir. Jeden Morgen, wenn wir mit Sport fertig waren, fing ich an, das Mittagessen zu kochen. Einmal sagte sie zu mir: »Barbara, wenn ich so viel Geld hätte wie du, ich besäße nur Le Creuset und all die schönen Sachen. Aber was du hier hast …« Bei mir passt ja kein Topf zum Deckel. Ich besitze die ollste Ausstattung, die man sich vorstellen kann. Ich habe halt Geschirr. Das kannst du dir nicht vorstellen. Ich kaufe in Massen Geschirr und Schüsseln. Ich könnte ein Salatschüsselgeschäft aufmachen. Gott!

Schüsseln sind in gewisser Weise die Handtaschen der Küche.

In manchen meiner Schubladen stehen zwölf große Salatschüsseln. *Mal* so eine kleine Schüssel wäre vielleicht nicht schlecht, aber letztlich wird es doch wieder die große, handverzierte von einer alten Portugiesin, die seit 600 Jahren irgendwelche Blumen draufmalt. Ich finde, davon kann man nicht genug anschaffen. Manchmal entdecke ich dann schlimmerweise im Keller, dass ich genau so eine bereits gekauft und es vergessen habe. Aber ich *muss* diese Sachen oft auch in den Keller stellen, einfach weil ich so viel Zeug habe. Und trotzdem: Wenn dann meine Mutter mit Salami, Marmelade und Brot anrückt, bringt sie ihre eigenen Messer mit. »Eins sage ich dir: Mit deinen Messern kann ich keine Zwiebeln schneiden.« Ich kaufe eben irgendwelche Messer.

Bei dir um die Ecke gibt es einen Wochenmarkt, da könntest du die stumpfen vielleicht schleifen lassen.

Kann man da Messer schleifen?

Auf vielen Wochenmärkten.

Das kann man da glaube ich nicht. Nee, meine sind eher so im Bereich 4,99 Euro. Und ich arbeite gerne mit geriffelten Messern.

Ich auch. Ich liebe diese kleinen, scharfen Tomatenmesser, damit lässt sich fast alles schneiden.

Ja, vor allem auch Zwiebeln und so, super. Meine Mutter sieht das anders und bringt ihre eigenen mit. Es ist wahnsinnig komisch.

Bewahrst du Tomaten im Kühlschrank auf?

Das kommt drauf an. Wenn ich weiß, die werden demnächst alle gegessen, dann nicht. Wir essen manchmal wirklich ein Kilo Tomaten am Tag. Ein Leben ohne Tomate ist für mich praktisch nicht vorstellbar. Ich glaube, ich mache kein Gericht, in dem nicht auch Tomaten verarbeitet werden.

Schmierst du die Pausenbrote für deine Kinder, oder macht das dein Mann?

Ich mach die.

Was kommt da drauf?

Das, was da ist.

Aber es ist doch bestimmt viel da.

Manchmal schaff ich es, über Tage nichts dazuhaben, was ich für die Brotbox der Kinder brauche. Dann versuche ich, denen andere Sachen schönzureden. »Hey, heut mal Sellerie?« »Nein. Kannst du wieder Salami kaufen?« »Nee, also jetzt lass es uns doch mal ohne Salami versuchen« und so. Heute Morgen sagte mein Sohn: »Wir haben teuren französischen Käse. Ich möchte einfach nur Salami haben.« Und »ständig muss ich dieses Kerndlbrot essen«. Die wollen am liebsten Toastbrot mit Salami und Butter.

Legst du dann Tomaten und Gurken dazu?

Ja. Tomaten mit Salz auf einem Kerndlbrot mit Butter, und Tomate, das ist ja was ganz Tolles. Aber beim Thema Pausenbrot könnte ich besser werden. Natürlich guckt der Lehrer einem auch da inzwischen über die Schulter. Das Pausenbrot zeigt, wer du bist. Es heißt dann beispielsweise: »Also die Lisa, die hat immer BIFI dabei und Salzbrezeln«, woraufhin ich entgegne: »Wir nehmen doch kein BIFI und Salzbrezeln mit in die Schule!« Und dann denk ich mir: Warum eigentlich nicht? Es wäre so geil. Aber bei uns gibt es dann halt … keine Ahnung … eine geschälte Möhre und ein paar Trauben und ein Brot mit irgendwas. Die Kinder hatten früher ab und zu mal Quetschies dabei, Fruchtmus. Darf man gar nicht mehr, zu viel Verpackung. Finde ich auch gut.

Backst du selbst Brot?

Ja. Ich bin so derartig durchschnittlich. Ich habe Punkt mit dem ersten Lockdown begonnen, Brot zu backen.

Ach, da gab es doch ganz schnell keine Hefe mehr zu kaufen.

Richtig, richtig. Deswegen habe ich Glücksbrot gebacken, das alle backen, mit den vielen Körnern. Ich habe es bis heute nicht geschafft, diese Körner beim Schneiden der Scheiben irgendwie in Form zu lassen. Bei mir zerfällt alles, und es bleiben Krümel, die man dann mit Butter isst. Aber es schmeckt köstlich. Ein Hefebrot mit Walnüssen und Feigen habe ich auch immer gebacken.

Du gehörst zu den wenigen Menschen, die »Waaalnüsse« sagen.

Wie muss man sagen?

Na, die meisten sagen »Wallllnüsse«.

Oh, lass uns bitte noch kurz hinzufügen: Jeder kann natürlich sagen, was er möchte.

In den sozialen Medien stünde jetzt schon im ersten Kommentar: »Wenn ihr keine anderen Sorgen habt.«

Wir kommen zu »Entweder-oder«.

Ach schade, wenn »Entweder-oder« kommt, dann ist es fast schon vorbei.

Noch nicht ganz.

Ich habe gleich noch eine Massage.

Umso besser. Also, du kannst kurz oder lang antworten.

Nein, ich kann nicht kurz antworten.

Ich weiß. Kaffee oder Tee?

Kaffee.

Und wie?

Schwarz. Seit ich Metabolic-Balance gemacht habe, trinke ich Kaffee schwarz. Da wird empfohlen, so wenig Milchprodukte wie möglich untereinander zu mischen. Ich habe mir abgewöhnt, Milchkaffee zu trinken, und heute bilde ich mir ein, schwarzer Kaffee würde gut schmecken. Ich weiß, dass er eigentlich grauenvoll schmeckt.

Banane oder Zitrone?

Zitrone, weil ich auch sehr viel mit Zitrone koche. Sehr viel. Und ich habe Zitronenbäume zu Hause. Banane hat zu viele Kalorien, ehrlich gesagt.

Müsli oder Cornflakes?

O Gott, könnte ich noch in den 80ern leben und den Metabolismus aus den 80ern haben und einfach mal frei von alldem, was ich heute weiß, im Regal, wo die Cornflakes stehen, zugreifen, dann würde ich mir Smacks und Crunchy Nuts kaufen.

Smacks! Die habe ich auch ohne Milch gegessen! Die waren so lecker, oder?

Und Crunchy Nuts, die einem das Gefühl geben, der Honig tropfe da direkt hinein, und man denkt so »Ja!«. Genau. Aber wir alle wissen: Nein, nein, nein, man darf es nicht. Neulich habe ich mal eine Fanta getrunken. Ich musste fast anfangen zu weinen. Ich dachte mir: O Gott! Wo sind die Zeiten hin, in denen man an der Tankstelle hielt und sich 'ne Fanta und ein Snickers gekauft hat. Heute knabbert man an Gurken und Sellerie herum. Ich habe noch geschnittenen Kohlrabi dabei. Es ist doch alles schrecklich.

Für welches Lebensmittel würdest du dich entscheiden, wenn du wüsstest: so viel du willst, so oft du willst, du wirst davon nicht sterben, du nimmst davon nicht zu.

Weißes Brot mit Olivenöl und Salz. Leider das, was man am wenigsten soll. Aber wenn es nach mir ginge – ich möchte nur Brotprodukte essen. Dunkles Brot, helles Brot, mitteldunkles Brot, getoastetes Brot, weiches Brot, hartes Brot, mit Kernen, ohne Kerne, selbst gebackenes, gekauftes. Fast vier Monate lang habe ich jetzt versucht, kein Brot zu essen. Und manchmal denke ich: Vielleicht komme ich irgendwann an den Punkt, wo ich sage: »Freunde, ich brauche das nicht mehr.« Aber wie eine Süchtige schiele ich bei jeder Gelegenheit auf jedes Brot, das meinen Weg kreuzt, und denke: Wenn ich jetzt könnte, wie ich wollte, würde ich auf diesen Laib noch salzige Butter schmieren und dann direkt hineinbeißen.

Falafel oder Burger?

Och, das finde ich schwer. Äh, Burger.

Grieche oder Italiener?

Türke.

Okay, Türke oder Italiener?

Also die italienische Küche ist schon brutal, aber ehrlich gesagt, ich liebe alle arabischen Einflüsse, und griechisch ist mir auch sehr nah. Ich mag nichts Frittiertes. Und ich bin auch nicht so fleischlastig unterwegs. Aber für alles, was mit Olivenöl, Tomaten, Schafskäse zu tun hat, bin ich zu haben.

Frikadelle oder Falafel?

Beim Wort Frikadelle denke ich an etwas sehr Hartes, das man auch fertig kaufen kann. Bei uns heißt es Fleischpflanzl. Ich mache die manchmal auch arabisch mit Cranberrys und Pinienkernen, mit Thymian, aber ohne Semmelbrösel. Die werden schön locker und sehr, sehr gut. Damit entscheide ich mich für die Frikadellen-Fleischpflanzl.

Süßkartoffeln oder normale Kartoffel?

Die normale Kartoffel, in der Pfanne mit Olivenöl oder Dill oder Butter, auch wenn sich Süßkartoffeln scheinbar irgendwie nach vorne kämpfen.

Apfel oder Birne?

Apfel.

Gin oder Wodka?

Gin.

Spiegel- oder Rührei?

Hmm …

Wir hatten gerade so einen guten Lauf!

Jetzt pass auf, ich habe ja Hühner.

Warum eigentlich? Seit wann habt ihr Hühner?

Mein Sohn bekam von Freunden, die auf einem Hof im Wald wohnen, ein kleines Huhn geschenkt. Wir waren mit dem Zug unterwegs und nahmen dieses Tier in einer Pappkiste mit nach Hause. Unterwegs zeigte er jedem die Kiste und sagte: »Da ist ein Huhn drin!«, der ist so tierverrückt. Vorher hatten wir keine Tiere, weil wir uns nicht um sie kümmern konnten. Wir besorgten diesem Huhn einen Kumpanen und setzten sie in ein kleines Kinderhaus, das mit Draht umspannt war. Abends holten wir die Hühner auf den Balkon, und morgens setzten wir sie wieder auf die Wiese im Garten. Dann fuhren wir in die Ferien, kamen nach vier Wochen zurück, und das Ding krähte, richtig laut! Und ich: »Scheiße.« Okay, es war ein Hahn. Und uns war klar: Jetzt brauchen wir mehr. Wir kauften Hühner, Hühner, Hühner, alle möglichen Sorten, und bauten für sie ein Alcatraz, denn natürlich ist der Fuchs unterwegs. Wir haben Waschbären, wir haben Ratten, wir haben Marder, wir haben einfach alles. Ich hatte das Gefühl, alle Tiere Berlins sind zusammengekommen, um unseren Hühnern nach dem Leben zu trachten.

Wie viele sind es inzwischen?

Jetzt sind es zehn. Zwischendurch hatten wir Verluste zu verzeichnen, aber dann kamen wieder neue dazu.

Esst ihr die auch?

Nein, und wenn ich noch mal auf diese Welt komme, dann gerne als mein Huhn. Die kriegen unseren gesamten Biofraß, der übrig bleibt, und können auf Hunderten von Quadratmetern komplett schalten und walten. Der Hahn kräht ab 4 Uhr 40, aber ich habe einen schalldichten Stall gebaut mit einer elektrischen Klappe, die sich nicht vor acht Uhr öffnet. Dann darf er nach draußen treten.

Und jetzt habt ihr eigene Eier.

Ich hole jeden Tag acht grüne, braune oder weiße Eier aus dem Ding.
Und die sehen toll aus. Wir werden demnächst auch Wachteln haben.

**Ich an deiner Stelle würde mal über ein Straußengehege nach-
denken. Also, was jetzt – Rührei oder Spiegelei?**

Jedes Spiegelei wird bei mir automatisch zum Rührei, weil ich zu
hektisch bin.

Wie schließt du ein Essen ab? Dessert, Kräuterschnaps?

Also bei uns läuft es immer gleich. Erst ein üppiges Essen, bestehend
aus Vorspeise, Hauptspeise, Nachspeise. Das kann auch mal ein
Kuchen sein, eine Tarte mit Sahne oder irgendwie so was. Den Kaffee
gibt's zum Dessert, gefolgt von einer Käseplatte mit Trauben und
Feigen. Anschließend stelle ich, was sehr gut ankommt, Süßigkeiten
auf den Tisch, Weingummi oder so was in der Art, in verschiedenen
Schälchen. Da hauen die Gäste noch mal richtig rein, auch wenn
gerade erst alle gesagt haben, sie würden jetzt gleich satt unter den
Tisch fallen.

Rinderfilet mit Schokosoße und karamellisiertem Couscous

Für 4 Personen
Zubereitungszeit 45 Min., Garzeit 30 Min.

Für Filet und Schokosoße
1,2 kg Rinderfilet | Salz | Pfeffer | Olivenöl zum Braten | 3 Schalotten | 3 Knoblauchzehen | 2 Peperoni | 500 ml Rinderbrühe | 3–4 Stücke Zartbitter-Schokolade

Für das Couscous
400 g Couscous | 600 ml heiße Gemüsebrühe | 4 Schalotten | 125 g Butter | 1–2 Teelöffel brauner Zucker

1. Den Backofen auf 150° vorheizen. Das Rinderfilet mit Salz und Pfeffer würzen. Etwas Olivenöl in einer Pfanne erhitzen und das Fleisch darin rundum scharf anbraten. Herausnehmen, auf das Ofengitter legen und im Ofen (Mitte) 20–30 Min. garen, bis der gewünschte Gargrad erreicht ist.

2. Für die Soße Schalotten und Knoblauch schälen, Peperoni waschen. Alles in kleine Würfel schneiden. Etwas Öl in einer Pfanne erhitzen und Knoblauch, Schalotten und Peperoni darin anschwitzen. Die Brühe zugießen und aufkochen. Danach die Schokolade stückchenweise bei kleiner Hitze in der Soße schmelzen lassen. Mit Salz und Pfeffer abschmecken.

3. Für das Couscous die Körnchen in einer Schüssel mit heißer Brühe übergießen und zugedeckt 10–15 Min. quellen lassen. Inzwischen die Schalotten schälen und würfeln. Die Butter in einer Pfanne erhitzen und die Schalotten darin bei kleiner Hitze weich dünsten. Den Zucker einrühren und karamellisieren lassen. Die karamellisierten Schalotten unter den Couscous mischen.

4. Das Filet aus dem Ofen nehmen und kurz ruhen lassen. Dann in Scheiben schneiden und mit Schokosoße und Couscous servieren.

TIPP: Ein säuerlich angemachter grüner Salat schafft Ausgleich zur Süße.

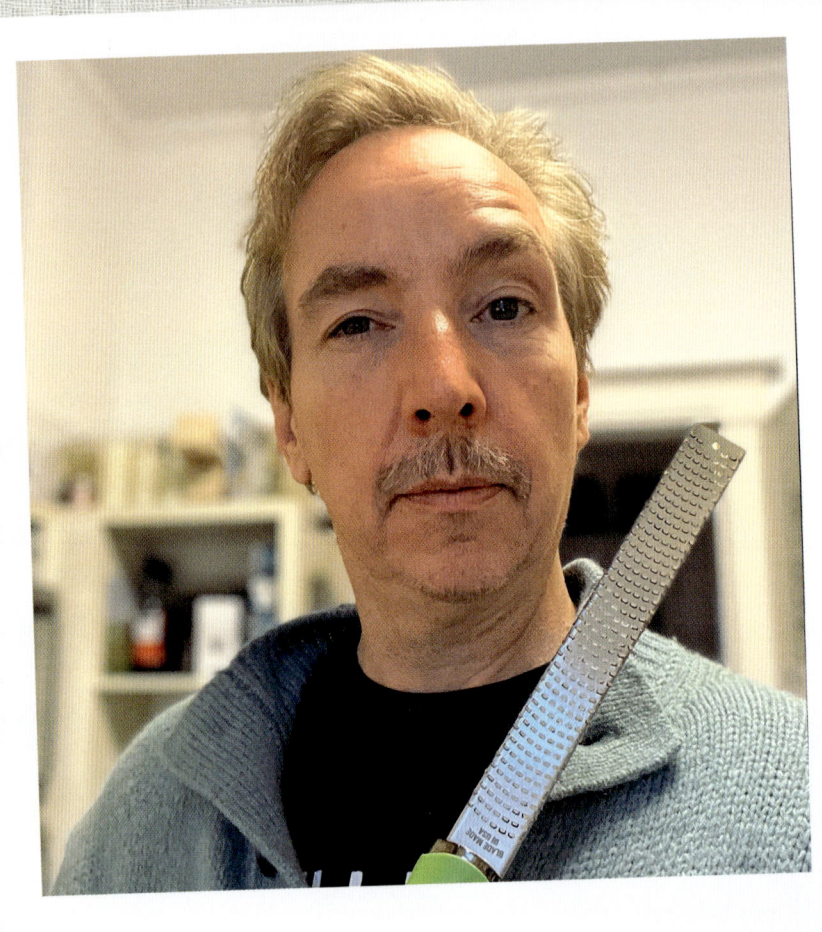

Olli Schulz

Olli Schulz ist ein leidenschaftlicher Singer/Songwriter, Schauspieler, Moderator und gemeinsam mit Jan Böhmermann einer der erfolgreichsten Podcast-Hosts des Landes. Aufgewachsen ist er, man kann es hören, in Hamburg, wo er seine Kindheit größtenteils bei den Großeltern und Urgroßeltern verbrachte, sein Opa arbeitete auf dem legendären Hamburger Fischmarkt. Olli schlug sich als Roady durch, bis er es selbst auf Deutschlands größte Bühnen schaffte. Er ist eigenwillig, fantasievoll und einer der melancholischsten, aber auch einer der lustigsten Menschen, die ich kenne. Zudem durfte ich Olli Schulz als aufmerksamen und großzügigen Gastgeber kennenlernen. Also wirklich, zu diesen Gesprächen hier wurde niemand unter einem falschen Vorwand gelockt, Schulz wusste genau, welches Thema anstehen würde. Und doch beginnt er das Interview so …

Es geht um Essen, oder?

Ist Essen wichtig für dich?
Ja, ich bin ein absoluter Genussmensch.

Bei »Sanft & Sorgfältig«, dem Podcast mit Jan Böhmermann und dir, wird ja recht häufig über Essen gesprochen.
Nach so vielen Jahren ist es wie in einer Beziehung, da fällt einem nicht mehr viel ein, und ich habe einen guten Satz gehört: Eine Partnerschaft besteht aus zwei Menschenleben, die sich jeden Tag fragen, was sie essen wollen, bis einer stirbt.

Ihr habt mal über ein Gericht gesprochen, das »Warme Brille« heißt und aus Bockwürsten mit Kartoffelsalat besteht. Ein typisches Weihnachtsessen …
… das auch in meiner Familie gerne zelebriert wird.

Immer? Oder gab's Ausnahmen, Gans und Klöße mit Rotkohl?
Wenn bei meiner Tante gefeiert wurde, dann machte sie Burgunderbraten oder so etwas. Aber bei uns zu Hause ganz klassisch: Würstchen und Kartoffelsalat. Ich habe mir nie viel aus Braten gemacht. Generell ist innerhalb der letzten Jahre bei meiner Familie der Fleischkonsum extrem zurückgegangen – ohne dass es je eine Diskussion zwischen uns gab. »Aber Würstchen darfst du noch!«, rief meine Oma, als ich ihr sagte, ich sei Vegetarier.

Du bist doch gar kein Vegetarier.
Ich hatte vegetarische Erfahrungen in meinem Leben.

Und wie lange haben die angehalten?
Drei Jahre war das längste. Mit 19 gehörte ich zur alternativen Hardcore-Punk-Szene Hamburgs, hing auch ein bisschen in der

Antifa rum, da gab's schon das große Thema, kein Fleisch zu essen. Und weil ich in meine erste Freundin Susanne, die damals schon vegetarisch lebte, so verliebt war, habe ich das mit durchgezogen. Vielleicht mal heimlich ein Burger …

Das geht glaube ich nur, wenn man davon überzeugt ist.
Du musst wissen, dass ich damals keinen Alkohol getrunken habe. In dieser Hardcore-Punk-Gruppe gab es die sogenannte »Straight Edge Szene«, und mein bester Freund war der Bassist von den »Emils«, Sven Carstens. Der trug immer Shirts, auf denen »It's cool not to drink« stand, er hat nicht getrunken. Diese Leute bewunderte ich, sie waren älter und hatten für mich eine Vorbildfunktion, allerdings war ich nicht stringent genug, um das durchzuhalten. Irgendwann habe ich mich wieder ins Fleischleben geworfen. Aber so mit 18, 19 bist du teilweise in deiner Meinung ziemlich stark. Und sehr moralisch.

Du hast mit Fleisch wieder angefangen.
Susanne und ich trennten uns. Wenn sich Frauen nach Trennungen eine neue Frisur machen ließen, dann konnte ich ja wohl wieder mit Fleisch anfangen. Ich wohnte in der Schanze, da ging's langsam los mit den Dönerläden, das war bei den Leuten Nahrungsmittel Nr. 1. Der kostete damals 1,50 DM und für 2 DM bekamst du eine Portion, die dich durch den halben Tag brachte. Wir hatten wenig Geld und suchten uns Sachen, mit denen man gut auskommen konnte.

Ich bin sehr früh, mit Ende 15, ausgezogen und kann mich wirklich nicht erinnern, wovon ich mich in den Folgejahren ernährt habe.
Genau das frage ich mich auch. Im Alter zwischen 20 und 30 war ich chronisch pleite. Ne Packung Haferflocken für 1,99 DM, dann noch zwei Liter Milch, schon hast du schon täglich ein Frühstück – so habe ich immer gedacht. Ich bin gut durchgekommen.

Hast du noch Zucker, Kakao oder Zimt drübergestreut?

Ich habe in WGs gewohnt, Zucker gab's überall. Und ich hab viel bei
meinen Mitbewohnerinnen mitgegessen. Das brachte mich auch früh
in Kontakt mit einer Sache, die ich noch immer verachte: Mozzarella,
Brot und Pesto. Frische Tomaten hasse ich bis heute.

Weil es dir nicht schmeckt oder weil du damit etwas assoziierst?

Nee, weil es mir nicht geschmeckt hat. Die haben eh viel gesünder
gelebt als ich. Sie legten mir auch immer Zettel ins Zimmer: »Bitte
räum doch mal das Essen hier weg, es riecht! Man möchte aus dem
Fenster springen.« Mit 25 habe ich meine erste Flasche Wasser gekauft,
vorher trank ich immer nur Cola und Säfte.

Wirklich?

Wasser schmeckte für mich nach nichts. Schorle gab es in den 70ern
noch nicht. Es war für mich »next level«, Saft mit Wasser mischen zu
können. Los ging's mit gespritztem Apfelsaft in einem Österreich-
Urlaub, und ab da wurde fleißig gemischt. Aber den reinen Wasser-
geschmack fand ich abartig und langweilig. Als ich mich allerdings
daran gewöhnt hatte, stellte ich fest, wie gut es ist, wenn dein Körper
nur dieses Wasser ohne Farbstoffe oder Giftstoffe zu sich nimmt.

**Haben deine Mitbewohner ihre Lebensmittel damals mit Zetteln
markiert?**

Ich habe mal mit einem total spießigen Asiaten zusammengelebt, da
dachte ich schon: Was für ein deutscher Nazi ist das denn? So können
Mitbewohner also auch sein. Der hat im Kühlschrank Zettel dran-
gemacht und alles angeordnet, manisch. Vorher wohnte ich immer bei
kulturell interessierten Mädchen oder Frauen. Die waren sehr locker
drauf, ein paar Jahre älter als ich und kannten sich mit Ernährung und
Kultur aus. Durch sie habe ich viel gelernt und bin auch mit Theater
in Kontakt gekommen. Denen verdanke ich viel, ich war so verliebt!

Nur mit der Nahrung verhielt ich mich ein wenig bockig. Tomate-Mozzarella-Brot hasse ich bis heute.

Du steigerst dich da rein. Auch nicht mit Büffelmozzarella?
Nein. So schmeckt es, wenn der Zahnarzt Abdrücke nimmt.

Ich habe selbst lange gebraucht, um Mozzarella und Basilikum etwas abzugewinnen, daher kann ich dich verstehen.
Das ist kein Käse, für mich ist das so ein komisches wabbeliges Zeug. Käse ist für mich Greyerzer oder Appenzeller oder ein 18 Monate im Sherryfass gereifter Käse.

Come on! Den letzten hast du dir ausgedacht. Aber du isst lieber älteren Käse?
Ja, das ging mir schon mit 18 oder 19 so.

Aber noch nicht als Kind.
Ich verbrachte in den ersten zehn, zwölf Jahren viel Zeit bei meinen Urgroßeltern, da gab es nur Tilsiter mit Schwarzbrot. Toast- oder Weißbrot waren bei uns verpönt. Dieser Generation ging es um den Nährwert.

Je älter Menschen werden, desto mehr tendieren sie ja zu weicherem Brot.
Es ist kein urbaner Mythos, dass in Frankreich, wo viel Weißbrot und Baguette gegessen werden, die Darmkrebsrate deutlich höher ist als anderswo. Ich habe den Eindruck, meiner Verdauung etwas Gutes zu tun, wenn ich morgens Müsli oder Schwarzbrot esse.

Und das Essen deiner Kindheit?
Ich bin in ziemlich einfachen Verhältnissen groß geworden. Meine Urgroßeltern hatten nicht viel Geld. Es gab Senfeier, Nierchen, Leber –

viel Innereien, Steckrübeneintopf, ein klassisches Essen aus der Kriegs-
zeit und Nachkriegszeit. Ich kenne mich sehr gut mit Eintöpfen aus,
auch mit Sachen, die wir heute überhaupt nicht mehr essen würden.

**Du sagst, ihr hattet wenig Geld. Aber auch unabhängig davon
entsprachen diese Gerichte ja der damals üblichen Ernährung.**
Üblich war auch, dass mein Opa abends nur Honigbrot aß. Ich habe
das bildlich vor Augen, ein Teller mit einem riesigen Berg halbierter
Honigbrote. Abends gab's Brot, mittags wurde meistens warm gegessen.
Senfeier fallen mir ein, mein Favorit. Ich habe seit dem Tod meiner
Oma nie mehr Senfeier mit einer derartig senfigen, intensiven,
guten Soße gegessen.

Gab es ein Essen, das du bekommen hast, wenn du krank warst?
Zwieback mit Milch und Zucker drauf.

Welche Süßigkeiten hast du gegessen?
In der Nähe meiner Grundschule in Hamburg-Lokstedt gab es eine
Tankstelle, an der Johnny als Tankwart arbeitete. Mein Opa zahlte ihm
pro Woche 5 DM, damit er mir jeden Tag für 1 DM Süßigkeiten
geben konnte. Weiße Mäuse, Haribo Roulette. Muh-muh-Riegel,
Nappos, Salinos. Es gab – für Leute die viel jünger sind als wir – so
Pfennigartikel. Für zwei Pfennig zum Beispiel Schaumerdbeeren. Ufos
aus Esspapier, darin war Traubenzucker. Gelbe Schaumbananen.

Und welches Eis mochtest du?
Ich war immer aufgeschmissen, wenn das Eis teurer war als 1 DM,
»Cuja Mara Split« zum Beispiel. Das kostete 1,20 DM. Mir war am
liebsten der braune Bär für 50 Pfennig. Und das Allergrößte war dann,
als Ende der 80er-Jahre Calippo rauskam. Eigentlich finde ich das im
Internet immer so schlimm: »Das war unser Eis«, »Wir haben damals
noch im Dreck gespielt …« Die Leute hecheln dem immer so hinterher.

Kommt es dir so vor, als würden wir das auch gerade machen?
Nee, aber ich wollte es mal kurz loswerden, damit die Leute nicht denken, wir würden da hinschlittern.

Also, dann habe ich jetzt einen Eindruck vom Essen deiner Kindheit. Was kannst du denn heute besonders gut kochen?
Sag mir, was du gerne mal essen möchtest.

Ich bin ja schon von dir bekocht worden, und das war auch gut. In deiner alten Wohnung gab's doch diese Tricky-Kochplatte, die hast du jetzt ja leider nicht mehr.
Ja, in der letzten Wohnung gab es eine Teppan-Yaki-Platte, eine große heiße Platte, auf der ich Garnelen gemacht habe.

Irgendwie lustig, denn die Küche selbst sah ziemlich bieder aus mit den Schränkchen und dem Marmor. Diese exotische Metallplatte dazwischen stach so heraus.
Die hatte der vietnamesische Vormieter einbauen lassen. Da konnte man für fünf bis acht Leute gleichzeitig Garnelen machen. Dafür brauchst du einfach nur 'ne gute Marinade.

Wie marinierst du sie denn?
Ich lege sie Stunden vorher in eine Melange aus Öl, Senf, Knoblauchzehen, Zwiebeln, Chili und Limettensaft. Die Garnelen später beim Braten nicht zu stark erhitzen. Das ist auch so eine Sache, kochen lernen bedeutet, mit Temperatur umzugehen. Früher wollte ich einfach, dass es schnell warm wird. Ich habe ein Stück Fleisch in die Pfanne gelegt, den Herd sofort auf höchste Stufe gestellt und innen war natürlich nichts richtig durch. Ich wusste auch lange nicht, dass man Fleisch im Ofen fertig garen kann. Es war mir ein Rätsel, wieso ich Rindfleisch nicht hinkriege. Das wird nur kurz angebraten, dann kann es im Ofen fertig ziehen.

Hast du dir das irgendwo abgeguckt oder jemanden gefragt?

Ich war damals in ein Mädchen verliebt, das bei den Sannyasins war, in der Oshosekte.

Aha. Bhagwan. Die Leute sind in Rot und Orange rumgelaufen.

Ich glaube, die gibt's nicht mehr. Kennst du noch das »Zorba the Buddha«?

Klar, die Discos, die knallvoll waren, an jedem Abend, in jeder Stadt. Unglaublich.

Im Hamburger Karoviertel gab's eine. Ich war also in eine Sannyasin verknallt und saß dann dort immer hinten in der Küche rum, bei Sven, dem Koch. Ich hing mit den Leuten ab, weil ich gerne in verschiedenen Subkulturen untergetaucht bin. In einem anderen Laden von denen arbeitete ich als Barkeeper, daran erinnere ich mich gerne. Mit Sven verbrachte ich in den 90er-Jahren viel Zeit, von dem habe ich mir was abgeguckt. »Komm, jetzt mal Saitangeschnetzeltes, zack, bisschen Zwiebeln noch.« Er feierte das Leben und alles, was mit Essen zu tun hatte. Und ich merkte: Es ist ja wirklich mehr als nur alles in sich reinschaufeln. Das fand ich toll.

Ich bewundere es, wenn Menschen aus der Lameng Mahlzeiten kreieren. Schnipp, schnapp, rühr, rühr, das noch rein, fertig, lecker. Ist das eine natürliche Begabung, was würdest du sagen?

Ich glaube, es ist eine Mischung aus Handwerk, Begabung, Interesse und Lust. Max Strohe ist ein Koch aus Berlin, mit dem ich mich angefreundet habe. Mit ihm hat das erste Mal ein Profi in meiner Wohnung gekocht. Unsere Kinder waren dabei, die wollten Spaghetti Bolognese. Da hat er aus allen Sachen, die in meinem Kühlschrank waren, Bolognese mit Soja gezaubert, ganz nebenbei. Die schmeckte so lecker und war besser als jede Bolognese, die ich je gemacht habe. Kochen ist eine große Kunst.

Jetzt kommen wir zu »Entweder-oder«. Lieber Crêpes oder Pfannkuchen?

Pfannkuchen war zuerst da in Deutschland.

Und die Franzosen haben häufiger Darmkrebs!

Meine Oma hat immer Eierpfannkuchen gemacht, die lagen geschichtet auf dem Teller, das reichte für zwei Tage.

Ich beneide dich. Popcorn: salzig oder süß?

Süß. Salzig mag ich inzwischen auch, damit wurde ich aber früher nicht sozialisiert. Am besten war das aus dem UFA-Palast, mit diesen karamellisierten Dingern.

Es gibt drei Sachen, die an Popcorn ganz schlimm sind. Erstens ... errätst du's?

... wenn du auf die Maiskörner beißt. Weißt du, was ich im Kino früher immer gemacht habe?

Du hast sie genommen und auf Leute geworfen.

Ich habe die zwischen den Fingern so wegflutschen lassen, sie sind unkontrolliert durchs Kino geflogen, und irgendeiner hat sich an den Kopf gefasst. Hat ja nicht doll wehgetan, war nur ein Maiskorn, aber so ganz kurz die Dinger durch die Gegend fliegen lassen, das habe ich gerne gemacht. Zweitens dann die Krümel. Ich komme aus dem Kino, stehe auf und mir fällt die halbe Tüte noch aus dem Pullover.

Dann gibt es vier Sachen, die schlimm sind an Popcorn.

Nummer drei könnte sein, dass es unmöglich ist, aufzuhören. Man muss sie immer weiter in sich hineinstopfen, bis die Tüte leer ist.

Absolut richtig, auch egal, wie groß die Tüte ist. Und Nummer vier der schlimmsten Begleiterscheinungen meines geliebten

Popcorns ist, wenn die Maishüllen, die Schalen, hinten am Rachen saugnapfartig festkleben. Der Versuch, sie mit dem Finger hinterm Gaumen wegzukratzen, fühlt sich schrecklich an und sieht schrecklich aus. Man muss wirklich aufpassen, den Würgereiz zu umgehen.

Wie viel du über Popcorn nachdenkst.

Ja. Ich liebe es. Das Kino brachte mich wieder drauf. Jemand drückte mir versehentlich eine große Tüte Salzig/Süßes in die Hand, zuerst dachte ich »urgh«, aber im Mix schmeckt es hervorragend. Ich muss echt aufpassen, es gibt nämlich auch ziemlich gutes Mikrowellenpopcorn, das habe ich leider immer zu Hause.

Bei uns gab es gar nicht so oft Popcorn, weil wir das Geld dafür nicht hatten, das soll jetzt gar nicht so doof oder traurig klingen. Ich war mit meinem Opa im Kino, mein erster Kinofilm war »Popeye«, 1980 mit Robin Williams, und ich weiß noch, dass ich Eiskonfekt bekam. Vanille und Nuss. Vanille war für mich der Höhepunkt, und es gab ja zehn kleine Stücke! Zwei davon habe ich für die Mitte des Films aufgehoben.

Sehr süß. Jetzt sind wir wieder beim Eis, aber ich konnte als Kind nicht verstehen, wie sich Erwachsene ein Eis wie »Happen« oder »Domino« kaufen, wenn sie doch das Geld für viel abgefahrenere, größere Sorten hatten.

Früher wollte ich Stracciatella, Pistazie oder Schlumpf-Eis, aber wenn ich heute mit meiner Tochter und ihren Freundinnen Eis hole, möchte ich nur noch eine Kugel Vanilleeis. Das macht mich einfach wahnsinnig glücklich.

Bist du genügsam geworden?

Nein, weil ich das bewusst esse und es mir danach besser geht.

Wie geil, Vanilleeis.

Marmelade oder Nutella?

Mag ich beides nicht gerne, Nutella finde ich richtig eklig. Zu Beginn meiner Schulzeit kam das Schokoladenhörnchen raus … Habe ich nie verstanden, das gehört einfach nicht zusammen. Ich finde Schokolade generell überbewertet. Viele Frauen, meine Mutter zum Beispiel, mögen diese belgische, dunkle Schokolade.

Die ist wirklich oft sehr lecker. »Vernünftigere« Schokolade. Weniger Zucker, mehr Kakao. Davon isst man nicht so viel, zudem soll sie in Maßen gut sein fürs Herz.

Die ist gut fürs Herz? Dann würde ich damit auch mal anfangen. Ich kaufe nie Schokolade, lieber Weingummi oder Lakritze.

Chips?

Auch nicht. Zu viel Fett. Du triffst mich gerade an einem Punkt meines Lebens, an dem die Völlerei aufgehört hat. Als ich plötzlich mit 30 oder so Geld hatte, lebte ich immer noch wie mit 20. Da holte ich viel nach und atmete an einem Abend auch mal drei Tüten Chips weg. Mit Sour Cream, die teuren. Oder Zwiebelringe. Dieses Zeug habe ich ohne Sinn und Verstand gegessen.

Ketchup oder Mayo?

Ich finde nicht, dass man sich da unbedingt entscheiden sollte. Pommes mit warmem Curry-Ketchup im Schwimmbad. Da sammeln sich so drei kleine krosche Pommes in der Spitztüte, so crunchy. Das liebe ich immer noch sehr.

Manchmal stößt man in Sushi auf Mayonnaise.

Sushi mag ich eh nicht. Als Norddeutscher wurde ich zwar förmlich auf einem Krabbenbrötchen gezeugt, aber ich mag das alles nicht.

Krabben magst du doch.

Ja, aber nur in einer fetten Mayonnaisesoße. Ich verbrachte viel
Zeit auf dem Hamburger Fischmarkt, weil mein Opa da arbeitete.
Der handelte mit Hühnern, Zwerghühnern, Brieftauben und Kanin-
chen. Einmal hatte er einen Greifvogel, da nahm ihn die Polizei mit.
Er brachte gerne mal von einem anderen Stand einen Sack Krabben
mit, dann saßen wir zu Hause vor dem Eimer und pulten die. Das ist
eine meiner frühen Kindheitserinnerungen: mit sieben oder acht
Krabben zu pulen.

Und Fisch?

Ich mag zum Beispiel beim Labskaus diesen kleinen Rollmops nicht,
oder Bismarckhering. Ich esse Forelle, Goldbarsch- oder Rotbarschfilet,
am liebsten mit Panade. Und gerne auch mal Zanderfilet. Vieles
andere, zum Beispiel Aal, schmeckt mir zu fischig. Meine Oma machte
immer Fischsuppe, dieser weiße Kochfisch köchelte stundenlang in
einem riesigen Topf. Der Geruch wehte durch die gesamte Wohnung,
ich weiß, dass ich mich mal übergeben habe.

Fallen dir noch andere warme Mahlzeiten von früher ein?

Aufgeplatzte Grützwurst. In der Pfanne gemacht, dann wird sie so
crunchy, mit Rosinen, dazu Kartoffelmus und Zwiebeln. Das ist noch
ein Kindheitsessen.

Könntest du das selbst kochen?

Nee, ich esse ja seit anderthalb Jahren wenig Fleisch. Ich brate mir
kein Steak mehr zu Hause.

**Ist es das wachsende Bewusstsein, oder hast du das Gefühl, es
geht dir besser, wenn du auf Fleisch und Wurst verzichtest?**

Es ist ganz einfach, für dich selbst zu erkennen, was du brauchst und
was dir guttut. So was muss mir auch keine Doku auf Netflix erklären,

das ist ein ganz normaler Prozess, der mit dem Älterwerden einsetzt. Mir ist aufgefallen, dass ich eine leichte, einfache Pizza Margherita lieber esse als die Barbecue-Mais-Chili-Pizza mit acht Belägen. Wenn ich zum Griechen gehe, habe ich danach Magenschmerzen, wache nachts auf und denke: »Was stinkt denn hier so?« Dann kann es sein, das ich mein eigenes Schlafzimmer vollgefurzt habe und am nächsten Tag zwei bis drei Toilettengänge mache. Dann fühle ich mich widerlich.

Du isst also weder besonders viel Fleisch noch besonders viel Fisch. Aber du bist ja nun auch nicht der Typ, der einen überbackenen Brokkoli bestellt.

Nee, aber ich esse gerne Falafel, Halloumi, ich finde es toll, was man alles vegan oder vegetarisch nachkochen kann. Auf Instagram gibt es so geile Seiten, bei denen mich die Fotos schon anflashen. Ich denke sofort: »Das mache ich mir heute auch.« Es gibt so viele Nudel- oder Kartoffelgerichte, die man ohne Fleisch machen kann. Gut, wenn ich ehrlich bin … vor zwei Wochen habe ich in einem Hamburger Steakhaus Chateaubriand für 40 Euro gegessen, das war ein unglaubliches Stück Fleisch. Ich kann es mit mir vereinbaren, zwischendurch ein Steak zu essen, auch wenn ich damit für die militanten Veganer vielleicht ein verlogener Typ bin.

Wenn es Biofleisch ist, kann man ja wenigstens davon ausgehen, dass es sich um gute Qualität handelt.

Momentan wird so ein Männerding daraus gemacht, ganz unangenehm, mit Zeitungen und Magazinen wie *Beef* oder in Netflix – »Die Fleischjäger«, als wenn es das Größte wäre, ein industriell getötetes Tier, das zerlegt auf deinem Tisch liegt. Und du so: »BEEF«, »FLEISCHHHH« – und nur, weil du einen Grill zu Hause hast. Da steht der Mann und übergießt die Wurst mit Bier. Das ist übrigens eine Assi-Zubereitungsmethode. Ich finde es widerlich. Bei mir veränderte sich das mit dem Fleisch vor fünf oder sechs Jahren, es war eine eigene Entscheidung, die mir niemand in den Kopf gepflanzt hat. Als ich mal nachts um eins von einem Konzert kam und mir ein Ochsensteak briet, guckte ich auf meine Hand, guckte auf das Steak, ich sah meine Poren, meine Fasern, ich sah die gleichen Fasern und Poren wie auf dem Stück Fleisch und merkte: Eigentlich frisst du dich selber. Du frisst Fleisch, du isst das, woraus du bestehst.

Früher herrschte ein anderer Umgang mit diesem Thema.
Ich bin damit aufgewachsen, dass mein Opa in Norderstedt auf dem Hof wahllos ein lebendiges Huhn nahm, ihm den Hals unter eiskaltes Wasser hielt, und während er mit mir weiterredete, ging er zum Hackstock und schlug ihm den Kopf ab, ohne eine Sekunde nachzudenken. Das Tier legte er in einen Eimer. Es war wohl ein Bauerntrick, die Nerven des Huhns mit dem eiskalten Wasser zu betäuben, damit es nicht kopflos über den Hof flattert. Es ist jetzt ganz hart, das zu sagen, aber wir hatten auch Katzen. Deren Babys wurden im Sack weggebracht und ertränkt. Darüber wurde nicht mal diskutiert, das war eine Selbstverständlichkeit. Das hat mich im Nachhinein doch ganz schön traumatisiert. Es gibt immer noch diese Bilder, die werde ich nie vergessen. Klar kann man sagen: »So ist das Leben eben.« Wenn ich hungern müsste, würde ich auch versuchen, ein Wildschwein im Wald zu töten, um es dann zu essen und meine Familie durchzubringen, doch so leben wir ja nicht mehr. Wer Jäger ist, tötet, um das biologische Gleichgewicht zu erhalten. Ich bin absolut dafür, getötete Tiere mit mehr Wertschätzung zu sehen. Gesellschaftlich war das ein ganz großer Irrweg, es so lange als Selbstverständlichkeit gesehen zu haben.

Wir Konsumenten wissen doch alles, was wir wissen müssen, aus Dokus, von Fotos. Viele von uns verhalten sich dennoch weiterhin ziemlich unbeeindruckt. Verdrängen sie es, sind sie zu bequem, zu gleichgültig? Was ist das?
Die verdrängen, genau wie ich das verdränge.

Zurück zum Glück. Rot- oder Weißwein?

Weiß, ich finde Rotwein macht zu viele komische Sachen mit einem.

Was denn für komische Sachen?

Die Zähne rot, die Lippen rot, der färbt alles ein.

Du hast dir gerade kreisförmig über das Herz gestrichen.

Ich wollte damit sagen, dass das auch nicht gut für die Verdauung ist.

Und ich dachte, es sei ein Zeichen für Rührseligkeit.

Rotweintrinker bekommen rote Nasen und Wangen. Die Gefäße platzen auf. Ganz häufig. Nee, Weißwein finde ich besser.

Gibt es in deiner Wohnung eigentlich 'ne Vorratskammer?

Ja, da stehen ein paar Dosen Ragout fin drin. Aber ich habe nie Alkohol zu Hause, da bin ich ein ganz schlechter Gastgeber.

»Ragout fin« – so hätte dieser Podcast eigentlich auch heißen können.

Ich habe früher die Spitze von Baguettes abgeschnitten, das gesamte Innere rausgepult und dann warmes Ragout fin komplett reinlaufen lassen.

O Gott! Und das hast du dann gegessen wie einen Hotdog?

Man musste es schnell essen, denn das Ragout fin kämpfte sich durch die Wände des Baguettes. Ich fand's toll, obwohl es wie Katzenfutter schmeckte.

Du hättest es dir schützen sollen, »Ragout Fluete Schulz«. Grüner oder weißer Spargel?

Weißer! Grüner Spargel ist mir bis heute verschlossen geblieben. Weißer ist viel intensiver und arbeitet besser für den Körper. Der entwässert.

Wenn das so weitergeht, wirst du Heilpraktiker oder Ernährungsberater.

Ja, mein Gott, wenn das nicht Mitte, Ende 40 losgeht, wann dann?

Hast du mal Pferd gegessen?

Ja, würde ich nie wieder essen. Mein Opa hat auf dem Fischmarkt schon mal gesagt: »Jetzt 'ne schöne Pferdeknacker!«

Kaffee oder Tee?

Morgens Kaffee und ab mittags Tee.

Kannst du backen?

Nein. Ich bin ein Hexer am Herd, aber am Ofen eine Niete.

Gibt es eine überflüssige Anschaffung für deine Küche?

Viele! Zum Beispiel Entsafter. Oder so einen Schrott, den man erst kauft und dann merkt: Dieses Ding hat acht Teile, die du sauber machen musst und die alle nicht in den Geschirrspüler passen. Ich habe mir auch bestimmt fünf Sandwichmaker gekauft, bis ich merkte, dass man einfach nur einen Kontaktgrill braucht, mit dem man viel mehr Möglichkeiten hat.

Noch ein Dessert zum Schluss, Schnaps, Kaffee oder Espresso?

Gerne Sambuca auf Eis, aber ohne diesen ganzen Humbug mit Anzünden und Kaffeebohnen. Eine deutsche Männerzeremonie, gerne auch mal, wenn man in Italien ist. Genauso wie mit Tequila, »erst Salz, dann Zitrone, dann trinken«. Einen guten Tequila trinkt man auch einfach so. Wie Sambuca auf Eis. Anständig eingeschenkt ist das für mich der perfekte Drink nach einem guten Essen.

Matjes-Eier-Salat mit Senfsoße

Für 4 Personen
Zubereitungszeit 45 Min.

Für den Salat:

120 g grüne Bohnen | 60 g Möhren | Salz | 350 g Matjesfilets (mild eingelegt) | 120 g rote Zwiebeln | 100 g rote Paprika | 4 hart gekochte Eier | 1 EL Schnittlauchröllchen

Für die Soße:

2 EL milder Weinessig | 1 EL süßer Senf | 1 TL scharfer Senf | ½ TL Zucker | Salz | Pfeffer | 3 EL Olivenöl (extra vergine)

1. Für den Salat die Bohnen waschen und putzen, die Möhren schälen. Beides in kochendem Salzwasser blanchieren, eiskalt abschrecken und abtropfen lassen. Die Bohnen in Stücke, die Möhren in Scheiben schneiden.

2. Die Matjesfilets in 1 cm breite Streifen schneiden und in eine Schüssel geben. Die Zwiebeln schälen und in hauchdünne Scheiben schneiden. Die Paprika waschen, weiße Trennwände und Kerne entfernen, dann in sehr kleine Würfel schneiden. Zwiebeln, Paprika, Bohnen und Möhren zu den Matjesstreifen geben und alles vermischen.

3. Für die Soße Essig, beide Senfsorten, Zucker, ¼ TL Salz und Pfeffer mit einem Schneebesen kräftig verquirlen. Das Öl in einem dünnen Strahl einlaufen lassen und mit dem Schneebesen unterschlagen.

4. Den Salat auf vier Tellern anrichten. Die Eier pellen, in Scheiben schneiden und auf dem Salat verteilen. Den Salat mit der Senfsoße beträufeln, mit Schnittlauch bestreuen und servieren.

Düzen Tekkal

Sinnlichkeit, Lebensfreude, Gastfreundschaft. Diese drei Begriffe schwirren um das Thema Essen wie die Ringe um den Saturn. So gesehen wäre Düzen Tekkal ein Planet, bei ihr kämen aber noch ein paar weitere Begriffe hinzu, um sie angemessen zu beschreiben. Unermüdlichkeit, zum Beispiel. Courage. Optimismus. Mit zehn Geschwistern wuchs die preisgekrönte Filmemacherin, Buchautorin, Kriegsberichterstatterin und Trägerin des Bundesverdienstkreuzes in Hannover auf. Zehn. Plus Eltern. Plus weitere Familienangehörige. Plus Freunde. Es macht Spaß, dabei zuzuhören, wenn sie von ihrer Familie spricht und davon, wie ausgerechnet die Arbeit in der Küche dabei half, die Person zu werden, die sie heute ist. Für viele ein Vorbild, klar, aber in diesem Gespräch eine Frau, die für ihr Leben gerne kocht und isst.

Es gab eine Zeit in deinem Leben, in der du täglich für deine gesamte Familie gekocht hast, also für elf Kinder, Eltern und Besuch. Wie auch immer du das hinbekommen hast.

Das Thema Essen spielt in meinem Leben eine riesengroße Rolle. Seit ich mich erinnern kann, war es für mich immer ein Ort der Wärme. Und gerade auch, was meinen Beruf angeht … Menschenrechtsverletzungen, harte schwere Themen, die am besten nicht benannt werden, weil sie zu gefährlich sind. Da ist Essen ein Bereich, in dem die Welt noch in Ordnung ist. Ich glaube übrigens, der Futterneid, den ich bis heute habe, ist ein Relikt aus dieser Zeit früher. Wie übrigens auch die Tatsache, dass ich so schnell rede, weil ich immer große Angst hatte, nicht satt zu werden oder nicht zu Wort zu kommen. Kochen ist eine Leidenschaft, die mich auch schon als Teenager begleitet hat, als andere ihre Freiheit entdeckten. Da stand ich eigentlich die ganze Zeit nur in der Küche, das war für mich ein Ort der Freiheit, dort hatte ich meine Ruhe vor dem ganzen Chaos. Ich meine – zehn Geschwister! Wir sind eine kurdisch-jesidische Familie. Es war immer sehr laut, da gab's keine ausgeprägte Zuwendungskultur, man musste funktionieren. Meine Mutter fühlte sich natürlich teilweise auch überfordert. Wir waren früher die Fremden, die anderen. Wir waren teilweise auch die, auf die die Menschen mit dem Finger zeigten. Ich denke an Bilder in Hannover Linden, wo wir alle auf einer Wiese saßen. Wir verhielten uns natürlich auch immer viel zu laut und wahrscheinlich auch viel zu selbstbewusst. Und dann wurde diskutiert und der Onkel sagte dies, die Tante sagte das. Wenn Leute an uns vorbeigingen – was haben die gedacht? Eigentlich interessierte es uns nicht, was auch irgendwie geil ist, weil es mich bis heute immunisiert. Das Thema Essen war ganz wichtig und auch, dass ich als kurdische Tochter kochen kann. Schon als ich elf war, brachte mir meine Mama bei, wie man Brot backt, wie man den Teig knetet, wie der aufgehen muss und warum ich ein Tuch drüberlegen muss. Für mich war das eine Selbstverständlichkeit.

Bei so vielen Kindern gab es doch bestimmt im Alltag eine gewisse Struktur.

Meine Mutter war pragmatisch, sie sagte immer: »Bei uns muss man vom Boden essen können.« Stichwort Saubermachen, Stichwort Disziplin. Ich würde fast sagen, sie hatte was von einem Drill Instructor. Deswegen muss ich immer lachen, wenn ich höre, wie deutsche Freunde von mir so aufgewachsen sind. Als wir mal im Schullandheim waren, kam die Lehrerin rein und sagte ganz lieblich: »Guten Morgen!« Und ich dachte nur: »Meint die das jetzt ernst?« Bei uns zu Hause war das so, dass meine Mutter gar nichts sagte, wenn sie in unsere Zimmer kam. Den Staubsauger, den habe ich gehört, um sieben Uhr morgens. Und der einzige Satz war dann beim Rausgehen: »Aus euch wird auch nichts.« Selbst wenn wir krank waren – ich bin in die Schule *gerannt*. Gerannt, weil ich sonst zu Hause wieder hätte anpacken und Aufgaben übernehmen müssen. In meiner Kindheit war vieles ein Battle, es war immer Competition. Beim Essen natürlich auch. Wer hat am leckersten gekocht? Das habe ich mir natürlich nicht nehmen lassen. Ich glaube, dass mein Ehrgeiz da schon gepflanzt wurde. Wenn du aus einer Großfamilie kommst, wirst du immer verglichen, alles wird bewertet. Natürlich ungefragt.

Erinnerst du dich an die Zeit im Kindergarten? Dort gab es doch wahrscheinlich auch ein gemeinsames Mittagessen.

Der Kindergarten war für mich der erste Ort der Liebe und meine Lieblings-Kindergärtnerin hieß Sabine, die habe ich geliebt. Und es gab Heike, unsere Köchin. Mein Lieblingssatz lautete: »Heike, Heike, was gibt es heut zu essen?« und sie antwortete: »Königsberger Klopse, Hühnerfrikassee, Kartoffeln mit Soße.« Und darüber habe ich mich gefreut. Meine Freunde suchte ich damals wirklich nach den Kochkünsten der Eltern aus. Und wenn Kinder Milchschnitte und Fruchtzwerge mit in die Schule brachten, waren sie natürlich meine allerbesten Freunde.

Eine Süßigkeitenschublade werdet ihr damals nicht gehabt haben bei elf Kindern.

Nee, wir holten uns draußen bunte Tüten. Dafür war man auch bereit, viel zu riskieren. Meine Mutter schickte uns morgens aus dem Haus. Wenn Sommerferien waren, bekamen wir den Ferien-Pass und eroberten die Welt. Das Wichtigste für Mama war, dass wir abends sauber geduscht nach Hause kamen, sie schickte uns immer schwimmen. Wenn wir sagten: »Mama, aber es regnet draußen«, entgegnete sie: »Trotzdem. Ferien-Pass ist da, kostet nix, ab ins Schwimmbad.« Wir waren ja noch klein, belegten uns Brötchen und machten unsere Salate selbst. Irgendwie hatte das was.

Erinnerst du dich an die Snacks aus dem Schwimmbad?

Klar. Saure Gurken zum Beispiel. Auf jeden Fall die kleinen Schlümpfe. Und Pommes rot-weiß. Das war natürlich das, worauf man sich am meisten gefreut hat. Diese Freude aufs Essen zieht sich bis heute durch. Ich kann mich allerdings auch an Zeiten erinnern, in denen ich appetitlos war. Das waren die schlimmsten Phasen meines Lebens.

Essen ist ja sehr häufig mit emotionalen Dingen verknüpft. Plötzlich kommen ganz viele Erinnerungen hoch. Aber natürlich birgt Essen als Belohnung und als guter Freund auch die Gefahr, darin mehr zu sehen als nur die Nahrungsaufnahme.

Ja, auf jeden Fall. Und ich wurde so sozialisiert, dass Essen immer auch Solidarität, Liebe und Gemeinschaft bedeutet. Wärme. Nestwärme auch im weitesten Sinne, denn bei uns steckte der Schlüssel mit dem Schlüsselanhänger – einer Deutschlandfahne übrigens – immer von außen in der Tür. Jeder, der einsam oder frustriert war, jeder, der einen schlechten Tag hatte, konnte bei uns zum Essen kommen. Die Freunde meiner Geschwister wurden ja auch meine Freunde und umgekehrt. Der Tisch war groß und die Töpfe waren groß. In der Grundschule sollten wir mal Töpfe mitbringen, weil wir am nächsten

Tag im Unterricht kochten, und ich habe mich lustig gemacht über die Soßen-Töpfe der deutschen Kinder.

Weil die so klein waren.
Genau. Unsere waren natürlich riesengroß, also machten die sich lustig über mich. Aber ich bin so aufgewachsen, ich kam nach Hause, und manchmal standen da 15, 20 fremde Leute, die ich nicht kannte, weil mein Vater auch als Menschenrechtsaktivist arbeitete. Er begann damals im Grunde mit all der Arbeit, die wir heute machen. Er half Menschen, die Asyl suchten, vermittelte ihnen beispielsweise Anwälte, suchte Wohnungen und Arbeit für sie. Bei uns war immer Tag der offenen Tür. Was allen gemeinsam war: Sie wurden gut bekocht und meine Mutter bekam viele Komplimente für ihr Essen. Deswegen: Ich glaube, Essen kann sogar politisch sein.

Ist es. Bestimmt. Man kommt zusammen und isst gemeinsam. Auch wer gemeinsam über die selben Pointen lacht, kann sich anschließend nur noch schwer *nicht* mögen.
Das ist ein Akt des Vertrauens und auch eine Form von Liebe, glaube ich. Gemeinsam an einem Tisch zu sitzen und das Essen zu teilen ist für mich als Kriegsberichterstatterin eine meiner prägendsten Erfahrungen – auch im Irak angesichts des Völkermords an meiner Religionsgemeinschaft. Ein gemeinsames Essen mit Soldaten, Männern und Frauen, die gegen den IS gekämpft haben. Reis, Brot und Suppe. Klingt banal, aber ich habe nie eine köstlichere Suppe gegessen, weil ich diesen Moment so besonders fand. Und ich kann mich erinnern, wie mein Vater mir auf Deutsch, das war unsere Geheimsprache, zurief: »Gewöhn dich nicht an die Menschen. Es kann sein, dass sie nicht wieder zurückkommen, Düzen.« Deswegen glaube ich, dass Essen ganz unterschiedliche Bedeutungen haben kann.

**Du hast vorhin davon gesprochen, dass du mit elf Jahren ange-
fangen hast, euer Brot zu backen. Haben alle Geschwister
bestimmte Aufgaben bekommen?**

Ja, natürlich. Und jeder hatte seine Lieblingsdisziplin. Die eine kümmerte sich um die Wäsche oder um das Bad, die andere ums Staub-
saugen, und mein Reich war die Küche, das war mein Ort der Freiheit.

Also auch ohne deine Mutter.

Genau. Als ich gut genug war, habe ich gesagt: »Mama, du gehst jetzt
raus.« Das hatte natürlich auch was damit zu tun, dass ich belohnt
und wertgeschätzt werden wollte. Denn in der Großfamilie wirst
du übersehen, wenn du nicht gut genug bist. Da kannst du dir alle
Management-Softskill-Seminare sparen, weil du alles lernst, worauf es
ankommt. Du lernst dich durchzusetzen, du lernst dich unterzuord-
nen, du lernst zu teilen. Meine Mutter hatte keine Zeit für Neben-
schauplätze. Die hat immer gesagt: »Fasse dich kurz.« Wenn wir dann
was zu sagen hatten, musste das überzeugen, oder wir wurden gnaden-
los ignoriert. Verglichen mit meinen beiden älteren Geschwistern, die
in der Türkei zur Welt kamen, war ich ein Vulkan zu Hause. Meine
Mutter hat mir immer an den Kopf geknallt: »Du hast Deutschland in
die Familie gebracht«, und damit meinte sie auch: »Du hast ein bisschen *zu viel* Deutschland in die Familie gebracht. Du bist mir zu
selbstbewusst, du bist mir zu laut und du bist mir zu selbstbestimmt«.
Sie bewunderte das auch. Ich habe für meine Freiheit als Teenager
gekämpft. Ich kann mich noch erinnern, wie meine Mutter irgendwann sagte: »Mit dir ging es bergab, als du plötzlich raus wolltest, ins
Kino und Freunde treffen. Aber als du noch die Köchin warst und
unsere Verwandtschaft verköstigt hast, da habe ich dich geliebt.«
Dieser Kampf um Freiheit hatte auch was mit dem Kochen zu tun,
weil ich manchmal kochte, um meine Pflicht als kurdische Tochter zu
erfüllen, um dann wieder ins deutsche Leben zurückgehen zu können.
Ich musste meine Eltern bestechen, also so gut kochen, dass alle sagen:

»Oh lecker!« »Kann ich jetzt endlich rausgehen?« »Ja, okay.« Es gab nie was umsonst. Und die Freiheit, die gab es schon mal gar nicht umsonst. Das zu betonen finde ich ganz, ganz wichtig, weil wir ja oft so tun, als wären wir alle gleich. Sind wir aber nicht. Was nicht bedeutet, dass das eine besser oder schlechter ist. Aber wir wurden unterschiedlich sozialisiert. Und für meine Mutter war natürlich dieses Lebensmodell »sie kann gut kochen, irgendwann wird sie heiraten und fertig ist die Laube« erstrebenswert. Mich hat es umgebracht. Also all das, was ich heute tue, wäre hinfällig, wenn ich diesen anderen Weg eingeschlagen hätte, dachte ich damals.

Wie und wann wurdest du so selbstbewusst? Hat dir die Schule dabei geholfen?

Die ganze Solidargemeinschaft. Unsere Nachbarn, meine Deutschlehrerin Frau Nieswandt, die so an mich geglaubt hat. Ich habe wahnsinnig viel Glück gehabt. Ich bin in Hannover Linden aufgewachsen, und wir sind mit Kindern von Politikerinnen groß geworden. Es gab keine Segregation, und ich kann mich erinnern, dass ich mit Töchtern von Fraktionsvorsitzenden der Grünen in einer Klasse war. Wenn das deine Mitschülerinnen sind, dann werden deine Wünsche auch groß, dann willst du nicht weniger als die. Deswegen kämpfe ich ja heute noch für Bildungsgerechtigkeit und Chancengleichheit. Natürlich sind wir mit unterschiedlichen Voraussetzungen in die erste Klasse gekommen. Bei mir fing es ja schon damit an, dass zu Hause kein Deutsch gesprochen wurde, geschweige denn dass meine Mutter lesen und schreiben konnte. Wir hatten auch keine Bücher zu Hause.

Hast du im Kindergarten Deutsch gelernt?

Genau, ich bin früh in den Kindergarten gekommen, meinem Vater war das ganz wichtig. Deswegen sage ich immer, wenn es heißt »Die kommt aus einem bildungsfernen Elternhaus«, was bedeutet denn bildungsfern, oder was bedeutet Bildung? Was bedeutet Intelligenz?

227

Meine Mutter brachte uns bei, was es heißt, mit den Händen zu denken, Resilienz zu haben, emotionale Intelligenz zu besitzen. Als verfolgte Minderheit war eins klar: Es gab kein Zurück mehr. Und mein Vater hat immer gesagt: »In diesem Land habt ihr alle Chancen dieser Welt. Ich möchte keine Ausreden hören. Ich möchte nicht, dass ihr andere Menschen abwertet oder anderen Menschen die Schuld gebt.« Dafür gab es keinen Platz bei uns.

Hattest du eine Schultüte?

Ja! Und es ist ganz witzig, dass du es gerade ansprichst, denn ich hatte eine Mitschülerin aus demselben Kulturkreis, in deren Schultüte zwei Äpfel lagen, die sie wieder zurückgeben musste.

Warum?

Weil sie kein Geld hatten. Sie hat den Wert dieser Schultüte irgendwie nicht richtig gesehen. Den Wert der Bildung nicht, den Wert der Freude nicht. Bei denen war es noch strenger als bei uns. Meine Schultüte hatte bunte Sternchen und einen grünen Deckel, es lagen ganz viele Süßigkeiten drin. Und ich liebe meinen Vater dafür, dass er das damals erkämpft hat, denn meine Mutter war dagegen. Sie sagte: »Du gehst jetzt keine Süßigkeiten kaufen, das können wir uns nicht leisten.« Mein Vater sorgte immer für die Extras in unserem Leben und kam manchmal mit Schokolade nach Hause. Sie ist die Finanz-Managerin, er war eigentlich immer der Träumer, der Großdenker. Und wenn wir Zeugnisse bekamen, gingen wir zum Meica-Grill. Da gab es Pommes rot-weiß. Ich werde das nie vergessen. Das war so toll, weil es eigentlich nicht um die Pommes ging. Es ging um die Belohnung, und es ging um den Wert der Bildung. Die Tatsache, dass ich losgezogen bin und gesagt habe: »Ich will dasselbe wie Julia und wie Melanie«, war keine Selbstverständlichkeit. Denn in dem Kulturkreis, aus dem ich komme, gibt es auch in diesem Punkt soziale und patriarchale Strukturen, sodass man sich immer die Fragen stellt: »Bin ich gut genug?«, »Darf ich das?«

Aus diesem Grund verändert sich die Gesellschaft ja auch so langsam, weil sich Frauen ihrer eigenen Stärke berauben oder kleiner machen, als sie sind. Das ist in vielen Kulturen so.

Genau, das ist ein weltweites Problem. Mein Vater erzog uns nach dem Motto: Meine Töchter sind wie meine Söhne. Er meinte das als Kompliment, und es hatte viel mit seiner eigenen Mutter zu tun. Meine Großmutter Äne Nise ist eine der stärksten Frauen, die ich je kennengelernt habe. Sie hatte knallrote Haare, war tätowiert und lebte an der türkisch-syrischen Grenze. Die verteidigte ihre Rechte mit einem Gewehr, das sie nicht einsetzte, aber als Druckmittel benutzte. Die mischte Männerrunden auf und traf ihre eigenen Entscheidungen. Ich habe das dann noch mal genauso erlebt mit meiner Mutter. Die war genau so ein Typ, und das finde ich wichtig zu erzählen, weil diese Themen ja oft so klischeebehaftet sind. Nur deswegen konnten wir die werden, die wir sind. Das ist nichts, was neu ist. Es gab immer unterschiedliche Frauenfiguren, auch in unserer Sozialisation. Und trotzdem gab es auch die Phasen, in denen Männer und Frauen getrennt gegessen haben, auch bei uns zu Hause, gerade dann, wenn wichtiger Besuch da war. Das Interessante war, dass ich als einzige Tochter an dem Männertisch sitzen durfte, um mit ihnen zu essen.

Ab welchem Alter?

Das war so mit elf, zwölf.

Und warum?

Weil ich mitreden konnte. Ich saß dann da und durfte nur mitessen, weil ich was zu erzählen hatte.

Worüber haben die Männer denn gesprochen?

Über Politik, über Gesellschaft, über das Leben, über unsere Religion. Und dann sollte ich ein bisschen erzählen. Und das hatte sehr viel mit der Sozialisation zwischen mir und meinem Vater zu tun, weil ich so in seine Fußstapfen getreten bin und er mich immer mitnahm auf Demonstrationen oder in den Landtag. Es sprach sich bis zu meinen Onkels rum, die plötzlich sagten, wir möchten mit Düzen reden. Die soll uns »die Welt erklären«.

Wirklich interessant.
Und das erleben wir in individualisierten Gesellschaften ja nicht so häufig, aber bei uns, ich komme aus einer relationalen Kultur, ist es tatsächlich so, dass die Vermittlung von Wissen nie an einen Status gebunden ist, sondern nach Fähigkeiten geht. Also danach, was man kann.

Und es war klar, was du konntest. Du hattest da deinen familiären Status, und trotzdem war dein Platz dann in der Küche.
War das eine freiwillige Entscheidung?
Freiwillig unfreiwillig. Natürlich hatte ich als Teenager andere Wünsche, als nur in der Küche zu stehen. Aber das war die einzige Form meiner Freiheit zu der Zeit. Ich hatte auch Phasen, in denen ich unfassbar traurig war. Und die Musik, die ich beim Kochen gehört habe …

Was denn zum Beispiel?
Ich hätte lieber in der Disco zu dieser Musik getanzt, da durfte ich aber nicht hin. Dadurch konnte oder musste ich ganz andere Begabungen ausbilden. Und mein unbändiger Freiheitswille, der hat ja dadurch nicht abgenommen, der ist eher verstärkt worden. Je häufiger der Versuch unternommen wurde, mich in meinen Bedürfnissen einzuschränken, desto krasser und stärker kam ich zurück.

Du hast einen Verein gegründet, in dem auch deine Schwestern arbeiten, du hast Bücher geschrieben.
Genau. Diese Menschenrechtsarbeit ist undenkbar ohne meine Geschwister. Ich merke, dass wir für ganz viele Menschen, ob mit

oder ohne Zuwanderungsgeschichte, vor allem für Frauen, zu einer Alternative geworden sind. Weil wir vorleben, dass das Leben auf gar keinen Fall einfach ist, aber dass jeder von uns das Recht hat, alles zu geben und alles zu werden.

Wenn du dich an die Zeit erinnerst, bevor du selbst angefangen hast zu kochen. Gibt es zwei, drei typische Gerichte deiner Kindheit?

Auf jeden Fall. Das sind natürlich die Dolme und Yaprak, gefüllte Auberginen, gefüllte Weinblätter.

Womit sind die gefüllt?

Unterschiedlich. Du kannst es vegetarisch machen oder eben auch mit Fleisch. Und Reis. Ein bisschen Hackfleisch, Minze, Tomatenmark, Paprika, Zwiebeln, Petersilie. Ganz unterschiedliche Sachen, die du mischst. Parallel dazu kochst du Wasser mit Zitrone, Tomatenmark und etwas Öl. Das gieße ich am Ende über die mit Reis und Hackfleisch gefüllten Auberginen, Kartoffeln, Zwiebeln und anderen Gemüsesorten. Zum Schluss werden noch Weißkohlblätter draufgelegt. Dann haben wir natürlich Patile. Das sind gefüllte Teigtaschen. Die kannst du mit Kartoffeln, Käse und Fleisch füllen.

Was für ein Teig ist das?

Ein ganz einfacher Teig, aber einfache Sachen sind nicht so einfach zu machen. Wasser, Mehl und Hefe. Der muss natürlich entsprechend aufgehen. Du musst ihn ausrollen. Diese Teigtaschen sind ja was Universelles.

Gibt es noch Situationen, in denen die ganze Familie zusammen isst?

Ja, selbstverständlich. Auch über die Feiertage beispielsweise. Dann sitzen wir alle wieder gemeinsam an einem Tisch, und es ist genauso

wie früher. Es ist immer laut, es wird gestritten, es steht auch immer
jemand eingeschnappt auf.

Wirklich?
Ja natürlich, ist ja nichts für schwache Nerven bei uns am Esstisch.
Weiß Gott nicht, da geht es ans Eingemachte.

**Gibt es Regeln? So etwas wie »Niemand fängt an, bevor die
Mutter isst« oder der Vater oder so?**
Ich wünschte, ich könnte sagen »Ja, so ist das«. Aber nein, leider nicht.
Die Regel ist: Es gibt keine Regel, und es wird niemand verurteilt.
Und ein Hähnchen essen wir mit den Händen. Ganz einfach. Haupt-
sache, es schmeckt. Wenn es nicht schmeckt, wird das auch schnell
kundgetan.

**Erinnerst du dich an das Essen, wenn du früher zu Klassen-
kameradinnen nach Hause gegangen bist?**
Ja. Bei Kerstin, meiner besten Freundin, habe ich immer sehr lecker
gegessen. Mittagessen spielt ja bei Deutschen eine riesengroße Rolle.
Bei uns war der Abend wichtiger. Und damals habe ich es auch schon
mal erlebt, dass es hieß: »XY muss essen, kannst du kurz im Zimmer
warten?«

**Mannmannmann. Ich hoffe inständig, dass sich das geändert hat.
Wenn du zu Hause bist, kochst du – das hast du mal erwähnt –,
um »runterzukommen«. Isst du dann alleine?**
Auch, aber meine Nichten wohnen ja um die Ecke, die haben oft
Essenswünsche, die ihnen Tante Düzi – bei denen heiße ich so – gerne
erfülle.

Lasagne, oder?

Genau, Lasagne ist eines der Lieblingsessen. Dafür nehme ich mir die Zeit, wenn ich sie habe. Auch das Essen ist bei uns ein Wettbewerb, der aber Spaß macht. Wenn wir Sonntagssuppe gegessen haben, Schurba heißt die …

Was ist denn drin in der Schurba?

Linsen, Mercimek. Mit Zitrone. Wir schneiden immer das Brot rein, jeder macht das nach seiner Fasson. Und dann geht's los: »Mein Brot ist leckerer als deins«, ich liebe das, alle gucken neidisch auf die anderen Teller. Die natürlich besser aussehen, klar.

Hörst du beim Kochen Musik?

Ich mache gerne mehrere Sachen gleichzeitig, daher höre ich auch gerne Musik dabei, schwelge in Erinnerungen, träume mir mein Leben, so wie ich das früher als kleines Kind auch gemacht habe. Ich habe ja immer noch sehr viele Wünsche. Träumen finde ich wichtig. Und das war es auch, als wir früher in unserer kleinen Wohnung saßen, in einem Zimmer, in dem drei Doppelbetten standen. Von vielem, was ich heute mache, habe ich früher geträumt. Ich empfinde Dankbarkeit und Demut, wenn ich morgens aufstehe und mir einen Kaffee mache. Ich empfinde Glück. Wirklich. Glückseligkeit, weil ich denke, ich bin frei, und aus freien Stücken kann ich ein Leben leben, das ich mir erkämpft habe. Jetzt geht es ja darum, die Freiheit, die wir haben, teilbar zu machen. Wenn du was zurückgeben kannst – und das ist nicht Mutter Theresa-mäßig gemeint –, macht dich das auch selbst glücklich.

Apropos zurückgeben. Was passiert mit dem Essen, das übrig bleibt?

Du kennst uns nicht, sonst würdest du die Frage nicht stellen. Bei uns bleibt nichts übrig. I'm sorry.

Kannst du Hunger gut aufhalten?

Ich habe das gelernt. Und um zu genießen, musst du ja auch verzichten. Das war tatsächlich ein Lernprozess bei mir, weil das Maßlose …

Moment. Da widerspreche ich dir. Mir gelingt der Genuss auch sehr gut ohne den Verzicht.

Es mag eine Typfrage sein. Weil es in meinem Leben eine Phase gab, in der ich doch sehr maßlos gegessen habe, empfinde ich den Verzicht gar nicht als Verzicht, sondern als Freude auf das, was dann kommt. Aber so ist es ja mit allem im Leben.

Das ist ein guter Übergang zu Entweder-oder. Mozzarella oder Feta?

Ich mag ja nicht so gerne Käse.

Erstaunlich, wobei Mozzarella ja jetzt gar nicht so typisch käsig schmeckt. Auf Pizza geht es aber?

Ja. Meine Mutter hat früher selber Käse gemacht. Der war salzig und quietschig. Wir hatten auch Käse, der nach gar nichts geschmeckt hat. Das ist okay, aber es ist jetzt nicht meine Lieblingsspeise.

Okay, was ist denn deine Lieblingsspeise?

Gut zubereitete Champignons, Auberginen, Zucchini, so was. Tomaten. Ich könnte nicht leben ohne Tomaten und Kartoffeln.

Zu den drei wichtigsten Lebensmitteln deines Lebens gehören Tomaten, Kartoffeln – und das dritte wäre?

Aubergine.

Auberginen in der Top 3!

Weil man damit so viel machen kann.

Ja, die ist geduldig.
Die ist geduldig, und du hast ganz unterschiedliche Möglichkeiten.
Ob man die, wie meine Mutter, einfach auf den Grill packt, bis sie
schwarz sind, dann schälst du sie und packst Knoblauch, Zwiebeln,
Petersilie und Spitzpaprika rein, und Zitrone und Öl und machst noch
ein bisschen Joghurt dazu. Fantastisch! Oder du legst sie in den Ofen
und machst Aufläufe. Ich liebe die Aubergine.

Ist Brot wichtig für dich?
Natürlich. Wir gehören ja zu den Leuten, die sogar Nudeln mit Brot
essen. Wenn wir essen gehen, ist der Brotkorb leer, bevor der Kellner
sich umdrehen kann. Und dann wird auch immer nachgeordert.
»Entschuldigung, denken Sie noch ans Brot.« »Aber Sie haben doch
Nudeln bestellt.« »Ja, ja. Aber denken Sie bitte trotzdem ans Brot?«
Damit macht man sich sehr unbeliebt. Ohne Brot habe ich das
Gefühl, nichts gegessen zu haben.

Weißbrot oder Schwarzbrot?
Ich mag Schwarzbrot, am besten auch mit Nüssen, zum Beispiel.
Oder saftig mit Möhren.

Banane oder Zitrone?
Zitrone, die ist vielseitiger. Du kannst eigentlich jedes Gericht damit
aufwerten, und das Leben wäre wahnsinnig traurig ohne Zitronen.
Die machen mir gute Laune.

Reis oder Nudeln?
Nudeln.

Kartoffeln oder Nudeln?
Festkochende, gute Kartoffeln. Es gibt zum Beispiel auch einen
türkisch-kurdischen Kartoffelsalat, den machst du mit Tomatenmark,

klein geschnittenen Oliven, sauren Gurken, Petersilie. Bisschen scharf machen und Zitrone drüber. Es sind immer die gleichen Gewürze. Schmeckt fantastisch. Ich liebe Kartoffeln auch im Ofen, mit Rosmarin, Olivenöl und ein paar Knoblauchscheiben.

Auch Süßkartoffeln?

Nee, das sind ja keine Kartoffeln. Bei denen stört mich das »Süß«, glaube ich. Also entweder-oder. Nee, Kartoffeln.

Schokolade oder Chips?

Natürlich Chips. Meine Geschwister könnten dir davon Geschichten erzählen, das glaubst du nicht. Ich habe früher sehr gerne Chips gegessen. In der Kindheit sind die fast wahnsinnig geworden mit mir, weil wir alle in einem Zimmer schliefen.

… und weil es so laut ist.

Genau. Du kannst Menschen mit Chipsessen zum Wahnsinn treiben. Ich setzte das natürlich auch als Druckmittel ein. Und wenn uns manchmal langweilig war, holte ich Chips raus, habe die genüsslich gegessen, und meine Schwestern wollten mich umbringen.

Kann ich gut nachvollziehen. Neulich im Zug war der Akku meiner Kopfhörer leer und ich musste mit anhören, wie eine Frau Chips aß. Sie zog einen nach dem anderen bedächtig aus der Tüte und las dabei. Ganz langsam, als wäre es Teil eines Experiments. Ich war kurz davor, auszuflippen. So geht man mit Chips nicht um! Man langt mit der Hand in die Tüte und zieht gleich mehrere raus. Das ist ein Gesetz.

Absolut, absolut.

Gin oder Wodka?

Gin.

Apfel oder Birne?

Apfel.

Falafel oder Burger?

Burger.

Fleisch oder Fisch?

Fisch.

Brokkoli oder Blumenkohl?

Blumenkohl, überbacken.

Aber nicht mit Käse.

Doch, da kann man ein bisschen Käse … Parmesan.

Möchtest du zum Dessert noch einen Schnaps, einen Kaffee, Cappuccino, noch was Süßes?

Einen Espresso Macchiato. Auf Desserts verzichte ich ganz oft. Ich würde ehrlich gesagt lieber zwei Hauptspeisen nehmen. Wenn manchmal Leute fragen: »Das oder das?«, würde ich am liebsten sagen: »Beides!«

Gefüllte Paprika

Für 6 Personen
Zubereitungszeit 40 Min., Garzeit 30 Min.

Für die Paprika:
100 g Reis | Salz | 1 Zwiebel | 2 Knoblauchzehen | 6 EL Olivenöl | 3 EL gehackte Petersilie | 2 EL gehackte Minze | 300 g Rinderhackfleisch | Pfeffer | 6 Paprika | 1 Zitrone | 3 EL Tomatenmark | 2 EL Paprikamark

Für die Soße:
1 Salatgurke | 2 Knoblauchzehen | 400 g Joghurt | 1 EL gehackter Dill | 1 EL gehackte Petersilie | Salz | Pfeffer

1. Für die Paprika den Reis nach Packungsanweisung in Salzwasser garen. Zwiebel und Knoblauch schälen und klein würfeln. In einer Pfanne 2 EL Öl erhitzen. Zwiebel, Knoblauch, Petersilie, Minze, Hackfleisch und gegarten Reis darin anbraten. Mit Salz und Pfeffer würzen.

2. Den Backofen auf 200° vorheizen. Die Paprika waschen und jeweils einen Deckel abschneiden. Weiße Trennwände und Kerne entfernen. Die Schoten mit der Hackfleisch-Reis-Masse füllen und die Deckel wieder auflegen. Die gefüllten Paprika in eine passende Auflaufform setzen.

3. Die Zitrone auspressen. Den Saft mit übrigem Olivenöl (4 EL), Tomaten- und Paprikamark, Salz und Pfeffer verrühren und über die gefüllten Paprika träufeln. Die Paprika im Ofen (Mitte) ca. 30 Minuten garen.

4. In der Zwischenzeit für die Soße die Gurke schälen und raspeln. Knoblauch schälen und fein würfeln. Joghurt, Gurke, Knoblauch, Dill und Petersilie verrühren. Mit Salz und Pfeffer abschmecken. Die gefüllten Paprika aus dem Ofen nehmen und mit der Soße servieren.

TIPP: Für eine vegetarische Variante das Rinderhackfleisch einfach weglassen und durch die gleiche Menge Reis ersetzen.

NIE WIEDER ANALPHABET!

Impressum

© 2022 GRÄFE UND UNZER VERLAG GMBH,
Postfach 860366, 81630 München

EDITION

Gräfe und Unzer Edition ist eine eingetragene Marke der
GRÄFE UND UNZER VERLAG GmbH, www.gu.de

ISBN 978-3-8338-8628-7

1. Auflage 2022

Projektleitung: Angela Gsell, Artur Senger
Lektorat: Dr. Katharina Theml
Rezeptlektorat: Petra Teetz
Korrektorat: Irmela Sommer
Fotos im Innenteil: privat (S. 4, 22, 44, 66, 88, 108, 130, 174,
202, 220), Nuriel Molcho (S. 156)
Covermotiv: Plainpicture/Jörn Rynio
Umschlaggestaltung & Layout: ki 36 Editorial Design, Bettina Stickel
Herstellung: Markus Plötz
Satz: Uhl + Massopust, Aalen
Repro: LUDWIG:media, Zell am See
Druck und Bindung: Drukarnia Dimograf Sp. z o.o.

Printed in Germany

Die GU-Homepage finden Sie unter www.gu.de

Ein Unternehmen der
GANSKE VERLAGSGRUPPE